现代商务英语与跨文化翻译研究

王 琦 著

 中国商务出版社

·北京·

图书在版编目（CIP）数据

现代商务英语与跨文化翻译研究 / 王琦著. — 北京：
中国商务出版社，2023.10
ISBN 978-7-5103-4745-0

Ⅰ．①现… Ⅱ．①王… Ⅲ．①商务－英语－翻译－研
究 Ⅳ．①F7

中国国家版本馆CIP数据核字(2023)第106677号

现代商务英语与跨文化翻译研究

XIANDAI SHANGWU YINGYU YU KUA WENHUA FANYI YANJIU

王 琦 著

出　　　版：中国商务出版社
地　　　址：北京市东城区安外东后巷28号　　邮　编：100710
责任部门：发展事业部（010-64218072）
责任编辑：李鹏龙
直销客服：010-64515210
总 发 行：中国商务出版社发行部（010-64208388　64515150）
网购零售：中国商务出版社淘宝店（010-64286917）
网　　　址：http://www.cctpress.com
网　　　店：https://shop595663922.taobao.com
邮　　　箱：295402859@qq.com
排　　　版：北京宏进时代出版策划有限公司
印　　　刷：廊坊市广阳区九洲印刷厂
开　　　本：787毫米×1092毫米　　1/16
印　　　张：10.75　　　　　　　字　数：230千字
版　　　次：2023年10月第1版　　印　次：2023年10月第1次印刷
书　　　号：ISBN 978-7-5103-4745-0
定　　　价：84.00元

前　言

随着经济和信息技术的飞速发展以及经济全球化进程的加速，社会活动的各个层面都不可避免地趋向国际化，不同行业中的国际交流活动也日益频繁。国际竞争越来越激烈，商务交往方式越来越新颖、多样。商务活动已经不再局限于买卖双方的交流，而是由内向外——从公司内部的运营到商场的服务，从个人的专业知识到言行举止，最终达到全方位、多维度的人际交流。英语作为商务活动中最重要的信息载体之一，已成为现代国际社会领域中使用最广泛的语言，其重要性日益突显。

本书基于跨文化交际的视角，首先概述商务英语和跨文化交际的相关内容，接着介绍了商务英语翻译的基础知识，其次对商务英语翻译理论与翻译技巧、商务翻译英语中的中西方文化差异做了探讨，最后对跨文化视角下商务英语的语言特征和跨文化视角下的商务英语翻译做了研究。

本书在写作过程中借鉴了许多专家的研究成果，参阅了大量的文献资料，谨致以诚挚的感谢。由于时间仓促，笔者水平有限，文中定有不足，希望读者提出宝贵意见。

目　录

第一章　商务英语概述

　　英语是国际通用语言之一，商务活动又是全球最活跃的交际活动之一，于是商务英语就成为除日常交际英语外使用最广泛的英语变体之一，同时也成为非英语国家英语教学的一大热点。本章对商务英语的定义、语言特点、对比语言学与商务英语等方面进行简要阐述，为后面各章节的讲述做铺垫。

第一节　商务英语的定义

　　国际商务英语（International Business English）属于专门用途英语（English for Special Purposes，ESP）的范畴。哈钦森（Hutchinson）和沃特斯（Waters）认为，"专门用途英语不是一种'特殊种类'的英语"。虽然专门用途英语有其特殊的语言特性，但并不存在某种特殊的语言种类。换言之，不应该认为专门用途英语是有别于普通英语的特种语言，因为两者之间的共性大于特殊性。乔丹（Jordan）将专门用途英语分为两类：以学术为目的的英语（English for Academic Purposes），指用以完成学业或进行学术研究、交流所使用的英语，其学术性较强；以职业为目的的英语（English for Occupational Purposes），指从事某一行业工作所使用的英语，实用性、专业性较强。Hutchinson 和 Water 认为，商务英语属于专门用途英语的一个分支、一种变体。商务英语的全称应是 English for Business and Economics（EBE）。在美国，商务英语指的是"商务沟通之用语也"。

第二节　商务英语的语言特征

　　商务英语作为语言，它是一种交际工具，是传递知识信息的载体。商务英语传递的知识信息有突出的反映国际商务学科领域的特征，所以它与普通英语相比有其自身独特的语言特征。因此在对商务英语概念有了一定了解之后，要继续研究商务英语的语言特征。从国内外英语学者对商务英语定义的各种评说中，可以明确的是商务英语的核心是英语，它以商务活动为背景,因而其语言是写实的,两者在基本词汇、句型、语法的运用上具有共性,但由于商务英语传达的商务理论和实务等信息的特殊性,在专业词汇、句式特点、篇章结构及表达方式等方面,商务英语有其独特性。

一、用词正式、严谨、准确

商务英语可谓字字千金,必须准确清楚地表达所要传递的信息,谨慎使用夸张、比喻等手法,尽量避免使用模棱两可的词语,以免产生不必要的争议。除广告语体外,商务英语应在用词方面大量使用书面语,用词正式,力求准确无误。一般用词义相对单一的词来替代词义灵活丰富的词,以使文体正式、严谨、庄重。比方说,普通英语中的词汇 tax、be familiar with、buy、include 对应在商务英语中则用 tariff、acquaint、purchase、constitute。

例 1:When the validity expires, you need to make a new application for the registration.

译文:有效期结束后,需要申请重新注册。

例 2:In case one party desires to sell or assign all of or part of its investment subscribed, the other party shall have the preemptive right.

译文:如一方想出手或者转让其投资之全部或部分,另一方有优先购买权。(assign 较 transfer 更正式)

例 3:Unless specified otherwise in the contract, the insurer may also terminate the contract.

译文:除合同约定不得终止合同的范围外,保险人也可以终止合同。

例 4:To acquaint you with our purchase terms, we are enclosing a specimen of our contract for your reference.

译文:为使你方熟悉我方交易条款,兹随函寄上合同格式一份以供参考。

解析:"acquaint" 是正式用语,词义单一稳定,意为 "make sb. familiar with sth.",而 "familiar" 词义较为丰富,可以表达多种含义,常见的有 "熟悉的、常见的、听惯的、亲近的、随便的" 等意思,在正式交往中,容易产生异议,采用词义单一的词语 "acquaint",可以有效避免歧义,使句意表达明确、正式、严谨,使文体更庄重。

商务英语中常用的正式用词还有 assign(转让)、construe(解释)、convene(召集)、interim(临时)、partake(参加)、repatriate(遣返)、effect(实现)、grant(提供;让渡财产)、levy(征收;征税)、initiate(创始;发起)、substantial(相当大的;重要的)、terminate(结束;终止)、utilize(利用)等。再举几例:

例 5:Under the new regime, which could levy a tax rate as low as 20%, it will become legitimate to maintain an offshore account and pay the lower Swiss tax rate.

译文：在新的税收制度下，英国政府将征税税率调低至 20%，并且将英国纳税人继续持有外国账户且按较低的瑞士税率缴付视为合法。

例 6：A request for interim measures addressed by any party to a judicial authority shall not be deemed incompatible with the agreement to arbitrate，or as a waiver of that agreement.

译文：任何一方当事人向司法机构提出临时措施的请求并不能视为对仲裁协议的违反或放弃。

二、常用缩略词、外来词、古体词

英国语言学家 Leech 在英语词义的分类学说中指出，专业词语、古体词及外来词都属于具有正式用语风格的词汇，符合商务英语语体行文准确、简洁的要求。

（1）缩略词的使用

缩略词是国际商务英语词汇的重要组成部分，它是随着语言使用的便利化而出现的。使用缩略词能够避免出现长而繁的语言现象。随着社会和科技的迅猛发展，到了 21 世纪，人们所做的一切都非常讲究工作效率。从商者都讲究效率，而提高工作效率首先就要有时间观念。"时间就是金钱 / 效率"的观点永远不会过时。正因为如此，商务英语中出现许多缩略语就不足为奇了。缩略词的特点是用较少的语言表达丰富复杂的内容，言简意赅、信息量大、使用方便。在商务交际中使用这些缩略语通常是带有行业特征的。例如：

YR TLX 28 TH RCVD（28 日来电收悉）

VC（Venture Capital 风险投资）

Reps（sales representatives 销售代表）

Ads 广告；B/L（bill of lading 提单）

blue chip 蓝筹股，绩优股

bad debt 呆账

NYSE（New York Security Exchange 纽约证券交易所）

BR（bank rate 银行贴现率）

WT（weight 重量）

L/C 信用证

M/T（mail transfer 信汇）

D/P（Documents against Payment 付款交单）

C.O.D.（cash on delivery 货到付现）

C.I.F.（cost，insurance and freight 到岸价）

F.O.B. 或 fob（free on board 离岸价）

D/A（Documents against Acceptance 承兑交单）

……

由于常用缩略语在外贸函电中出现的频率很高，熟练掌握这些缩略语有利于更好地进行商务活动。

（2）外来词的使用

商务合同英语中使用的商务类专业术语有不少源自拉丁语、法语、希腊语等的书面词或由合成构成的词语，或是习惯上使用的所谓"商业用词"，它们的意义比较稳定，利于精确地表达概念。外来词的使用使商贸英语文本更加正式、庄重和严肃，如来自法语的force majeure（不可抗力）；拉丁语的 ad valorem（从价税）等。有些则是由其词根派生或合成的，许多术语都有相同的前缀或后缀，它们的意义比较稳定，利于精确地表达概念。

例 7：The tariff may be collected on an ad valorem basis, where it is a percentage of the value of the import.

译文：从价关税是依照进出口货物价格的一定百分比为标准征收关税。

例 8：So far few, if any, workers have been laid off as oil companies have, with a few exceptions including Anadarko, have not invoked force majeure clauses that allow them cancel rig contracts.

译文：目前甚少工人遭到解雇，除了美国的阿纳达科等少数公司，多数石油公司还没有行使不可抗力条款以取消油井开采合同。

（3）古体词的使用

国际商务英语会涉及商务函电、经贸合同和各种协议，由于这些文本对双方都具有法律效力，为体现法律的权威性和严密性，用词特点是正式、规范和严谨。经常使用一些在其他英语语体中很少或不再使用的古体词，能够体现商务英语语体行文准确、简洁和正式、规范、严谨的要求。

例 9：LICENSEE shall not acquire any rights in any copyrights or other rights in the Property, or the Product, except for the license expressly granted herein.

译文：被许可人不能获得任何权利，包括版权或是其他的所有权，或是作品，除非许可中明确准予。

例 10：In compliance with the request in your letter dated May 8, we have much pleasure in sending you herewith our pro forma invoice in quadruplicate.

译文：应贵方 5 月 8 日来函要求，特此随函附寄形式发票一式四份。

例 11：Provided that the acceptance of rent or mesne profits by the Landlord after the expiration of the term of the tenancy hereby created shall not be deemed to operate as a waiver or breach of any of the terms hereof neither as a new periodic tenancy by way of holding over nor otherwise. A new Tenancy shall only be created by a fresh tenancy agreement in writing signed by the Landlord and the Tenant.

译文：倘若在本合约规定的租期届满后业主接受租金或中间收益，不应被认为是起了放弃或违背本合约的任何条件的作用，也不应认为是起了作为继续租用或其他的新租期的作用，新租约只能是业主和租户签署的新书面租赁合约。

三、一词多义

英语词汇所包含的意义往往颇具有灵活性，也就是说，英语词汇的意义多依据各自前后搭配和上下文而变化。一词多义是商务英语词汇的另一特征，主要表现在一个英文单词的普通词义和商务词汇之间的区别。许多平时熟悉的词，在商务英语中除了基本含义，还有其特定的专业意义。了解和掌握了这些词的多义性，才能运用自如、准确灵活地进行翻译。例如，汉语的"单"，这个字一般译成"bill"，如"煤气单"译成"a gas bill"，"剧目单"译成"a theatre bill"。但"保险单"的英文却是"insurance policy"，而不是"insurance bill"，同样，"insurance policy"在汉语中只能译成"保险单"，而不能译成"保险政策"。

例 12：No reference was made by anyone to the past.

译文：没有人提到过去。

例 13：My reference will prove to you that I am efficient and dependable.

译文：我的担保人将向你证明我的工作是高效的，并且我是可信赖的。

解析："reference"一词在例 11 中具有普通英语里的含义，即"参考、查阅、提及"；而在例 12 中该词则作为商务词汇出现，意思是"person or firms named by a customer asking a supplier for credit, from whom the supplier can get information about the business reputation of the customer."，即"担保人、证明人"的意思。又如"negotiation"一词，通常做"谈判"讲，而在"negotiation of the relative draft"中则是作为商务词汇，表示"议付"，因此这里应译为"议付有关汇票"。

英语的词义具有游移性和灵活性，很多词汇都需要考虑到上下文的语境再做出判断，在商务英语中尤其要注意。

四、臆造词语

臆造词汇是商务英语广告和商标的一大词汇特点。商标和商务广告的共同特点是要用新颖独特的语言和符号，大胆创新、标新立异，让消费者一见钟情、烙印在心。商标是某一产品区别于其他产品的标志，可以说是独一无二的，因此为表现商标的独特性，商标中的新造词使用甚多。广告语力求让消费者耳目一新，使广告商品迅速得到消费者的青睐，也会巧妙地制造新词，吸引消费者的注意力。例如，福特汽车广告"4ord costs 5ive% le\$\$（Ford）"将数字与字母有机混合，"Ford"换成"4ord"，"five"变成"5ive"，"less"换成"le\$\$"，让数字映入消费者的眼帘，让声音传达商家的意愿，让美元代替优惠的价格，强烈吸引消费者的眼球，达到出奇制胜的效果。"We know exactly how to sell eggs"广告语中"exactly"一词，故意将"eggs"和"exactly"拼缀在一起，达到新颖绝妙的效果，令人过目难忘。

五、逻辑语义衔接词语

为明确陈述贸易双方的立场和观点，尤其是贸易条件等，商务语言常使用一些逻辑—语义关系词语来陈述事物间的逻辑关系，或表示原因（due to，caused by，etc.），或表示结果（therefore，as a result，etc.），或表示假设（providing，provided，assuming，etc.），或表示转折（nevertheless，otherwise，etc.）和限定（if only，unless，etc.）等。这些词的正确使用和理解有助于正确翻译商务英语中的各类文本，准确传达原文的意思。要精确地传达原文的信息，翻译时就必须使用标准的、对等的专业术语，即强调词汇的精准和对应，从而使译文读者能准确地理解原文。例如，"whereas"常用于合同约首的开头以部分引出签约的背景和目的，"therefore"常用于合约的开始和结尾部分，以引出订约双方达成的约定条款。在商务活动中，交际双方讲究的是时间和效率，简洁高效的交流必将成为商务活动的主旋律。

语言交际有其特定的语言环境，商务话语是一种职业话语，是人们使用语言进行商务活动的产物，语言和商务活动之间是密切联系的，要使商务活动得以顺利进行，商务活动参与人就必须运用语言，对词汇语法资源进行适当操作。商务活动本身决定了语言的使用特点。商务英语的特点主要在于专业化和较强的针对性。归根到底，实用性是商务英语最大的特点，它注重的是在商务沟通中口语与书面表达的准确、简练与规范。出于国际商务活动的客观性与现实性的需要，商务英语的专业术语和职业套语多，但都必须用语礼貌，表意清晰，结构可行，表达得体。商务英语所要表达的语言信息是商务活动的内容，因此必须精确运用专业词汇。在商务英语中，掌握一定量的商务词汇是必备的，但是仅有一定量的专业术语仍无法自如应对各种商务问题。

第三节　对比语言学与商务英语

一、对比语言学与商务英语概述

翻译是个比较与决策的过程。译者在翻译过程中必须将原文与译文初稿进行仔细比较，通过比较，译者确定译文是否可取，并且还需要认真考虑，直到最终确定译文表达了原文的意思为止。这个过程其实也是一个对原作理解与表达的过程。理解与表达是翻译的最基本程序。翻译过程既然离不开比较，译者就需要对英汉两种语言之间的差异有所了解。这样，在翻译过程中遇到问题时，译者才能知道怎样对比和化解矛盾。

比较与对比是同义词，但又有所不同。就语言学而言，比较是人类认识事物、研究事物的一种基本方法，也是语言学研究的一种基本方法，而对比则是一种更侧重于不同之处的比较，所以有比较语言学和对比语言学之说。

比较语言学（comparative philology/linguistics）和对比语言学（contrastive linguistics/contrastive analysis）有所不同。比较语言学是从历时的角度研究语言的科学，它历时地对两种或者两种以上的语言进行比较、分析、研究，目的在于通过重建原始语言，推定各种语言的亲属源流关系，进而阐述它们的体系和特质。与此相反，对比语言学是一门共时语言学，它只是共时地对两种或两种以上的语言进行考察分析，指出它们之间的语音、语法、词汇等各个部分的同异点，并努力运用哲学、心理学、民族学等学科的知识与理论去说明这些同异点之所以产生的根源。

换言之，比较语言学是语言学的一个分支，系统地比较有关语言或一种语言的不同历史阶段的语音、语法和词汇的对应关系。由此可以知道，比较语言学是对一种或一种以上的语言在不同历史时期的有关现象进行对比。比较语言学与对比语言学的特征对比见表2-1。

表 2-1　比较语言学和对比语言学的特征对比

项目	比较语言学	对比语言学
时间跨度	历时	共时
研究对象	有亲属关系的不同语言	不同语言和方言
目标	构拟共同始源语	了解不同语言的异同
方法	词汇语法层、音系层	词汇语法层、音系层＋语义层

续表

项目	比较语言学	对比语言学
实用价值	理清谱系关系、发展词源学	发展语言类型学、推动语言学习（错误分析）、推动外语学习（中介语）、推动翻译实践
其他名称	比较语文学、比较语法	区别分析、区别语言学

从上表可以知道，对比语言学的方法更适合应用到商务英语研究中。例如：从实用价值方面来看，比较语言学重点在于厘清语言的谱系关系，研究商务英语一般不需要将商务英语的谱系逐年整理；对比语言学的实用价值方面侧重于发展语言类型学，从而推动语言学习和外语学习。类型语言学（typological linguistics）又被称为语言类型学（linguistic typology），它是研究各种语言的特征并进行分类的学科，方法是比较这些语言，找出其相同和相异之处。通过对比商务英语和商务汉语两种不同语言的异同有助于商务英语研究。对比语言学的历史不是很长，只有几十年的时间。二十世纪五十年代诞生的对比语言学是布龙菲尔德创立的结构主义语言理论与迅猛发展的外语教育的联合产物。自诞生起到六十年代中期，对比语言学在美国得到了迅速发展。二十世纪六七十年代对比语言学在欧洲得到了很大的发展。与比较语言学不同的是，对比语言学涉及不同语系的语言之间甚至各方言之间的共时性研究。

当前对比语言学的发展呈现出以下四个新趋势：① 理论对比语言学研究增多；② 应用对比研究更注重与其他应用语言学研究相结合；③ 对比领域从传统的语音、语法对比向篇章、语用对比扩展；④ 对对比语言学本身的一些理论、方法问题的探讨不断深入。对比语言学相比之下有很大的实用性，所以更应该进一步加强对对比语言学的研究，并需要研究与其他相关学科的关系。

正如吕叔湘先生为《英汉对比研究论文集》的题词中所说："指明事物的异同所在不难，追究它们何以有此异同就不那么容易了，而这恰恰是对比研究的最终目的。"对比语言学的理论意义在于通过对比，使人们加深对所对比语言的认识。对比语言学的应用意义在于对教学和翻译有着重要的作用。对比语言学的重点是就语言之间的异同进行对比。对比语言学分理论和应用两大部分。理论部分与音系学、语义学、句法学、语篇学、语用学、文体学、修辞学等有联系，这是因为对比语言学的理论研究以这些学科为基础；对比语言学的应用部分主要和翻译学、对比文化学、双语教学等关系密切。在对比语言学方面颇有研究的有刘宓庆。早在 1991 年刘宓庆就出版了专著《汉英对比研究与翻译》。此外，刘宓庆还发表了不少有关的文章，对英汉对比进行了比较系统而深入的研究，并有自己独特的见解。刘宓庆他特别重视应用研究。他认为"对比语言学的任务就是在语言共性的总体观照下，探索研究和阐明对比中的双语特征或特点，以此作为参照性依据，提高语言接触的深度、广度以及语际转换的效率和质量"。从他对对比语言学所确定的任务中可以看出，对比语言学对翻译质量和翻译效率的提高有非常大的促进作用。他的书涉及的内容是英汉互译，所以对比语言学在此主要涉及英、汉语之间的对比，涉及英汉对比语言学。

杨自俭教授认为，英汉对比语言学是语言学的一个分支学科，兼有理论语言学和应用语言学的性质。其任务主要是对英汉两种语言进行共时和历时的对比研究，描述并解释英汉语之间的异同，并将研究成果应用于语言和其他相关的研究领域。杨自俭对英汉对比语言学所下的定义包括了共时和历时两个内容。但就对比语言学而言，主要是对共时的研究。

许余龙在我国的对比语言学研究方面有突出的贡献，他的《对比语言学概论》是国内第一部论述对比语言学的专著。许先生在该书中给对比语言学所下的定义是："对比语言学是语言学的一个分支，其任务是对两种或两种以上的语言进行共时的对比研究，描述它们之间的异同，特别是其中的不同之处，并将这类研究应用于其他有关领域。"许先生强调的是共时的研究并将该研究应用于其他有关领域。本书讨论对比语言学的目的正是如许先生所说的那样，将对比语言学应用于商务英语学科领域。许余龙先生将对比语言学分为理论对比语言学和应用对比语言学。他说："应用对比语言学的主要应用领域是外语教学。"许先生的应用对比语言学的原理对商务英语教学有非常大的指导意义。结合对比分析与外语习得理论，就商务英语教学中的第一语言（母语）对第二语言（外语）的干扰现象进行对比。例如，汉语中的"信用证"和"信用卡"由于两者皆有"信用"二字，导致学生对它们相对应的英语"letter of credit"和"credit card"的理解错误。"外语习得过程是一个从母语习惯向外语习惯转移的过程"。在这个转移过程中，受母语习惯的影响，在第二语言的形式、结构、语义、语用等方面，学生的语言习得会受到干扰和影响。商务英语研究需要借用对比语言学的对比分析方法和错误分析方法，对商务英语和商务汉语进行认真比较，对学生的错误进行分析、对比，从而找到解决问题的办法。此外，翻译批评需要对不同译本进行对比，需要对原作与译作进行对比，需要将原语与译语进行对比。诸如此类的对比，对比语言学都有一定的指导意义。

翻译是将一种语言所包含的信息用另一种语言表现出来的过程。为了能最大限度地将原语的信息在译语中传达出来，就必须对比分析，找出两种语言的等值关系和等值成分。在翻译的对比分析过程中，译者需要区分两种语言表达信息的异同。

二、英汉语对比——抽象与具体

英语和汉语是属于两种语系的语言。英语属于日耳曼语系西方日耳曼语支，而汉语则属于汉藏语系。英语是拼音文字，汉语是象形文字、表意文字。英语是从综合型向分析型发展的语言，汉语是以分析型为主的语言。综合型语言的特点是该语言主要通过词语本身的形态变化来表达其语法意义，如语言的格、数、时态等；分析型语言的特点是该语言的语法关系不像综合型语言那样通过语言本身的形态变化来表达，而是通过虚词、词序等手段来表示。另外，英汉语言的这种差异也体现在英汉商务语言中。因此，在进行商务交流的过程中，需要了解商务英语惯用抽象词汇的特点，以及在用汉语进行表达时注意将抽象的词汇具体化为汉语中与之对应的词语；反之亦然。例如，汉语的"报盘""谈判""管理"等，在没有上下文的语言环境中，很难看出它们的词性，但是在以下的例句中就一目了然：

本报盘以我方最后确认为准（"报盘"是名词）

请在本月底前向我方报盘（"报盘"是动词）

此次与琼嵩公司的谈判很成功（"谈判"是名词）

总裁正在与琼嵩公司的代表谈判（"谈判"是动词）

他管理一家大型企业（"管理"是动词）

他出色的管理救活了这家公司（"管理"是名词）

将以上几句话翻译成英语分别是：

This offer is subject to our final confirmation.

Please offer by the end of this month.

The negotiation with Joansung Company was a great success.

Our Managing Director is negotiating with the reps of Joansung Company.

He manages a large enterprise.

He has saved the company from going bankrupt through his excellent managerial talent.

第三句的英译中动词用了过去时态，因为"谈判"已经是过去的事，汉语没有反映出这种过去的时间，而英语译文必须反映出。又如，第五句中的动词"manages"反映出第三人称单数的变化，即在行为动词后加"s"，汉语"管理"没有这种变化。另外，第六句用了完成时态，因为根据原句子可以理解为：由于"他"的出色管理，"他"已经使一个濒临破产的公司起死回生，所以尽管中文原句没有像英语那样通过助动词表示完成时态，但是在英语译文中必须将这种完成时态反映出来。

上述例子告诉我们，在进行商务英汉翻译时，了解英汉语两种语言的差别是非常有必要的。汉语以分析型语言为主是因为汉语也有某些词尾的变化，有表示复数的词"们"，如员工们，经理们；表示指称人或物的"……子"，如胖子、孩子等或箱子、刷子、台子等。尽管如此，汉语的词型变化比起英语来少很多。所以说汉语是以分析型为主的语言。商务翻译者必须清醒地认识到这一点，以便在从事国际商务英汉互译时可以灵活掌握翻译规律。由于英汉语本质上的差异，反映在词汇上还表现为英语词义趋向于抽象，而汉语词义则趋向于具体。英语的词汇通常比汉语虚，汉语往往将具体的或抽象的事物度量化、单位化。在进行国际商务翻译时，知道了这种情况就可以灵活处理。汉语缺少词形和词缀的变化手段，所以往往以实的形式表达虚的概念，以具体的形象表达抽象的内容。上例中的"报盘""谈判""管理"，看不出是名词还是动词。名词的"具体"与"抽象"在汉语中常常难以辨别。正如王力先生所说，"我们所谓名词，和英语所谓 noun，范围广狭稍有不同。我们的名词，就普通说，除了哲学上的名词，只能指称具体的东西，并且是五官所能感触的。英文里从形容词形成的抽象名词，如 kindness，wisdom，humility，youth；从动词形成的抽象名词，如 invitation，movement，choice，assistance，arrival，discovery 等，中国字典里可以说没有一个词是和它们相当的。在中国词的形式上，咱们辨别不出抽象名词的特征；它们是和形容词或动词完全同形的。我们不赞成从职务上分别词类，因此我们就不能从'我喜欢他的聪明'一类的句子里。去证明'聪明'是一个抽象名词；也不能从'他费了长时间的选择'一类的句子里，去证明'选择'是一个抽象名词。我们如果从概念上去辨别，中国语里的'聪明'断然是一个形容词，因为它表示一种德行；'选择'断然是一个动词，因为它表示一种行为。……"

　　了解了英语的抽象和汉语的具体的特征，我们在进行国际商务英汉互译时就可以对抽象与具体的转换采取灵活的方法。换言之，翻译时就能大胆地使用翻译技巧。根据连淑能的归纳，可以采用以下几种方式来解决英语的抽象和汉语的具体之间的互相转换问题，这样做对国际商务英汉互译具有指导意义。

　　（1）用动词取代抽象名词。英语中大量的表示行为或动作的抽象名词，如果照直翻译成汉语，可能会使译文晦涩、不顺，因此可以将这些名词转换成汉语中的其他词类。例如：

　　例 1：The CEO，who is going to resign，surfaces with less visibility in the company strategies decisions.

　　译文：公司总裁由于准备辞职，在公司的决策过程中不怎么抛头露面了。

　　例 2：A firm's involvement in exporting products can range from a minimal commitment all the way to considering exports as necessary for the firm's survival and growth.

　　译文：公司在产品出口中参与情况的程度不一，从最低程度的参与一直到将出口视为公司生存和发展必要条件的参与都会存在。

　　例 1 中的抽象名词"visibility"在汉语译文中转换成"抛头露面"，因为根据实际情况，总裁经常要为公司的事与人接触，但是由于他准备不干了，所以"不那么见得到"。如果将"less visibility"翻译成"更少见到"似乎不很通顺，而"抛头露面"更符合这句话的背景。例 2 中，"involvement"在英语原文中是一个抽象名词，然而在汉语译文中则将其具体化为"参与情况"，这样就便于汉语读者理解和接受，并且使下面的行文合乎逻辑地表达出来。

　　（2）用范畴词使抽象概念具体化。在汉语中，常常用范畴词（category words）表示行为、现象、属性等概念所属的范畴。翻译时可以将抽象的英语用这些范畴词转换成具体化的汉语，如果不将英语抽象的概念用具体化的汉语表现出来，那么译文势必不通顺，或者不能完全表达原文的意思。

例 3：The new manager' flexibility has left us a very good impression.

译文：新经理的灵活工作方法给我们留下很好的印象。

该例句中的英语 "flexibility" 是个抽象名词，如果将其翻译成 "灵活" 也未尝不可，但是根据上下文，应该将它具体化，翻译成 "灵活工作方法"，将该词所蕴含的深层意思在汉语译入语中表达出来。

例 4：The Chairman said with firmness that if any one should break the rules of the company, he would certainly be severely punished.

译文：董事长态度坚定地说，违反公司规章的人必受到严惩。

该句 "firmness" 的汉语译文中加了 "态度" 一词，使 "firmness" 所蕴含的抽象意义更加具体化。

（3）用具体的词语阐释抽象的词义。英语中有些抽象名词的含义比较笼统和虚幻，翻译成汉语需要进一步加以解释，用汉语词汇来将抽象概念具体化，通常可以采取增词的翻译手法。

例 5：Our company's computers have become a fixture in many offices in that country.

译文：我公司生产的电脑已成为那个国家许多公司办公室的必备之物。

例 5 中，相应的汉译都增加了词语，若不增加词语，读者就不能真正领略到原文的抽象概念。

（4）用形象性词语使抽象意义具体化（figuration）。尽管英语中的抽象概念在汉语中不容易找到对应的抽象词语来传达，但是汉语中有许多形象性词语，翻译时可以用这些具有丰富形象性的汉语词语来传译英语的抽象概念。

例 6：The billionaire left his hometown when he was 19. He arrived in Shanghai in a state of almost utter destitution.

译文：那位亿万富翁 19 岁告别家乡，到上海时几乎身无分文。

例 7：I talked to him with brutal frankness.

译文：我对他说的话，虽然逆耳，却是忠言。

综合上述英语抽象概念与汉语具体化表现可以知道，在翻译中不能死抠原文词语和语言结构，了解了英语的抽象概念就可以用汉语具体表现出来，知道了英汉语抽象与具体的差异，就可以大胆地通过使用汉语不同的词语将英语的抽象转变为汉语的具体。反过来亦然。从上面的例子可以看出，为了将英语的抽象在汉语译文中具体化，往往是通过增词的手段，这些所增的词是以原文为基础的。换言之，翻译者需要理解原文的上下文来揣测英语抽象意义所蕴含的意思。因此，对比英汉语之间的差异对国际商务英汉互译大为有用。

三、英汉语对比——形合与意合

英汉商务语言都会采用衔接手段来实现句子表达的连贯。在衔接手段方面，英语商务语言的表达多采用词汇和句法手段连接句子，这就是所谓的"形合法"。这一方法的主要特点是借助连接词来衔接句子的各个部分，并表明句子之间的关系。汉语商务语言的表达经常采用语义手段连接句子，这就是所谓的"意合法"。这一方法的主要特点是没有借助显性的连接词，而从各个成分隐含的内部意义实现句子的衔接。

所谓"形合"指的是语言的篇章结构主要靠外在的（或语言的表层结构）连接手段，这些手段涉及语言的基本形式，主要是指连接词、纽带词汇。"据此我们可以把形合手段分为两种：一是形态，包括构词与构形；二是形式词，包括连接词、关系词、介词、助词、代词、语气词等。这样我们可以把"形合"定义为：借助形态和形式词来表示词间、小句间和句子间的关系。"（周志培，2004），英语属于印欧语系，是拼音文字，印欧语系的语言具有曲折式形态变化。作为拼音文字，英语具有拼音文字的形态变化功能。但是并不是说英语只有形合的特点。一般来说，英汉语都具有形合和意合的特点，只不过是英语更重形合。英语句子结构的黏着性较强。句子的主谓分明。主从关系清晰、能见诸形式，由形式决定语义关系。相比之下，汉语更重意合。"意合"定义为：不借助形态和形式词，靠词语与句子本身意义上的连贯与逻辑顺序而实现的连接。（周志培，2004）意合就是靠语言材料本身所蕴含的意思以及按照普通逻辑推理所获得的语言传递的信息，而不是通过使用有关的形合词语。例如：

If winter comes，can spring be far behind？

在这句英语中，"if"作为从属连词表示条件是必不可少的，而将此句翻译成汉语，就没有必要将"if"译出："冬天来了，春天还会远么？"汉语是意合性语言，这就是一个很好的例子。当然，如果将"if"翻译出来也未尝不可："如果冬天来了，春天还会远么？"不过仔细揣摩一下，作为母语是汉语的人感觉"冬天来了，春天还会远么？"更自然。更合乎汉语的习惯。中国人说话讲究含蓄，这与汉语的意合密切相关。所谓含蓄，就是话中有话，有些东西不必要说出。即使不是含蓄，由于汉语更重意合，因此在说话、写作时，汉语中的形合词语用得较少，更何况汉语中连接词语、句子、段落篇章的手段不像英语那样丰富。一种语言中，句子的连接主要有句法手段、词汇手段和语义手段等三种方法。英语句子的连接主要靠句法手段和词汇手段，即英语是以形合为特点的语言，而汉语是以语义手段进行句子的连接，是以意合为特点的语言。

任何语言都存在形合与意合两种特征。由于英语是从综合型语言向分析型语言过渡，所以英语主要以形合为主。汉语是分析型语言，同时也具有一些综合型语言的特点。这样看来，英汉语有一些相似点。清朝末年的《马氏文通》按照拉丁语法建立起汉语语法，其证明了英语和汉语尽管差异不小，但还是有一些共性，否则汉语语法也不会和拉丁语法有某种融合。此外，任何语言之间都有共性，因为人类的思维、人类对客观世界的认识大同小异。语言是思维的物质外壳，两者往往会紧密结合。思维是内容，语言是形式，也是工具。一般认为，思维决定语言形式。由于人类的思维方式有其共性，因而英语和汉语也存在相同的方面。英语以形合为主，意合为辅；汉语意合为主，形合为辅。

（一）英语形合的表现手段

英语被认为是树形语言，因为在句子的主干上可以添加许多"枝叶"：修饰、限定成分。根据周志培的观点，英语的形合手段主要有以下几个方面：

1. 形态变化

（1）内部形态

英语的内部形态主要涉及其构词成分，如前缀与后缀。

（2）附加形态

附加形态主要指英语词的语法变化，如名词复数加 s(es)，动词加 ing，形容词、副词比较级加 er 等。

（3）外部形态

外部形态主要指构成英语语法的语言附加形态，如英语的所有时态的构成、语态的构成、虚拟语气的构成都必须附加一些词，或使某些词发生变化。例如，表示与过去相反的虚拟语气，从句动词用过去完成时，主句用 would/should+have+ 动词过去分词。

2. 形式词

形式词主要指"虚词"，即介词、连接词（并列连接词、从属连接词）、关系代词、关系副词、冠词、连接副词（如 secondly，moreover，worse，still 等）。

3. 句法结构的形合

英语属于形合语言，英语的遣词造句侧重形式的接应，要求句子以形寓意，因而句式的结构完整、严密并规范。也正由于这一特点，英语商务语言的形式和连接手段非常丰富。另外，形合的特征也使得商务英语句子结构犹如大树一般，主干分明、枝繁叶茂，句子也呈现出以形寓意、以形统神的特点。具体而言，在英语的商务语言中的形合主要是通过显性的连接手段将主句与各个从句连接起来，其中各个主句、从句以及各个句子成分都有着明显的逻辑关系。换言之，句子的语法意义和逻辑关系通过各种显性的连接标记来实现。

例 1：A market analyst is a person with specialist knowledge of a specific market who often predicts what will happen and tries to explain what has happen.

译文：市场分析员是拥有某个特定市场专业知识，往往能预测市场并试图对市场现象做出解释的人。

例 1 中使用了很多显性标记词，如介词 with，of；关系代词 who，what；连接词 and；词的时态变化 predicts，tries to explain，has happen 等。通过这些显性的连接手段，可明显地发现该句子中各个成分之间所体现的语法意义以及逻辑关系。

英语形合的特点使得英语中惯用长句，长句主要是指在短语的基础上套短语，在从句的基础上套从句，句子层次多样，逻辑关系较为复杂。

例 2：The United States pays for Brazilian coffee with dollars，which Brazil can then use to purchase wool from Australia，which can likewise buy textiles from Great Britain，which can import tobacco from the United States in the same way.

译文：美国用美元支付从巴西进口的咖啡，巴西用所得的美元去购买澳大利亚的羊毛，澳大利亚再用收取的外汇进口英国的纺织品，而英国再以同样的方式从美国进口烟草。

例 2 中的英语原句包括三个由 which 引导的定语从句，每一个 which 用来指代前面分句的最后一个单词，并且引出后面的从句，构成一个衔接紧密的长句，可谓环环相扣。因此，在商务交流中，如果遇到这种商务文本，译者需要按照英语原句的逻辑关系将其分成四句来理解，并用汉语进行准确的表达，这样的表达才能表意明确、层次清晰。

在汉语中比较缺乏以上英语所用形合的手段。例如，表示过去的概念，动词本身没有什么变化，可以通过增加词来表达。

例 3：He used to be a big boss.

译文：他做过大老板。

例 3 中，used 是过去时态，汉语译文通过"过"来表示过去的概念。另外，还可以再增加词：他过去曾做过大老板。

（二）英语的意合

多数情况下，英语非使用形合句不足以表达其内在的逻辑关系。但实际上，英语也不乏意合手段，主要有以下几种情况：

（1）某些固定的成语、习语、哲理性语言

例 4：

Man proposes，God disposes.

No pains，no gains.

First come，first served.

（2）以时间顺序和逻辑顺序意合成的句子

例5：

Work harder，you will meet the deadline.

Let the situation be ever gloomy，we should finish shipping the cargoes today.

（3）形式词简约后构成的意合句

例：6：

How many workers（whom）do you think will join the strike?

以上例句属于英语中少数的意合句子，没有使用表示形合的词汇。如果将意合的句子变成形合的句子，就必须加形合词汇。

例7：When you first come，you will be first served. 句子中加入了 when 等形合词汇。

总的说来，英语的意合只是少数情况，而形合是英语的最大特征。换言之，英语的篇章、句子要求完整，必须使用那些构成形合手段的词，从而使句子、篇章合乎语法、习惯。知道了这一点，在翻译时就可以根据汉语意合的特点，不必将英语中的形合手段的词总是翻译出来。

例8：After the contract was signed，the two parties went to dinner.（合同签好，双方赴宴）。

当然，如果将这句英语翻译成："签好合同之后，双方去赴宴"也对。但是，译文若能简洁又不影响原文的意思，则是最好的。

（三）汉语的意合

汉语造句少用甚至不用形式连接手段，注重隐性连贯（covert coherence），注重逻辑事理顺序，注重功能、意义，注重以神统形。汉语的形合手段比英语少得多，没有英语所常用的关系代词、关系副词、连接代词和连接副词。另外，汉语中有的词在英语中也缺乏，如汉语中有方位词、语音重叠（如说说笑笑）、语气助词（如啊、嘛、吧、罢了）。汉语虽然有一些形合手段,但并不经常使用。例如，"他来了的话,请他立刻到总裁办公室去一趟。"这句话完全可以加上"如果"，"如果他来了的话，……"但是，说话尽量避免啰唆，往往不需要说出"如果"。不过，这句话翻译成英语时，形合的标记 when 必须使用。例如，"When he arrives，please tell him to go to the MD's office." 如果去掉 when，就不成为一个合乎语法的英语句子。另外，汉语中也有一些形合手段，但形合词远少于英语。英语中的词缀大约有 110 个，而汉语中大约有 20 个；英语的介词大约有 286 个，而汉语中大约有 35 个；英语中连接词、关系代词、关系副词大约有 100 个，而汉语中并列连词、从属连词与关联副词配合使用的连接词语有 50 个左右。所以，汉语更加趋向于通过"意会"来传达意思，即意合。所谓"意合"，其实就是句子不在乎语言外部形式的链接手段，而主要通过语言形式以外的东西，通过句子内部的逻辑联系，给读者更多的想象空间，所以意合更多地将读者带入其中。汉语的"意合"之所以能让汉语读者通过意会理解汉语，主要是因为汉语的约定俗成。例如，汉语"我走了"，句中"我"说话时还没有真正离开，所以将这句话译成英语就必须考虑到汉语的意合在英语中要通过形合表现出来："I am leaving."。英语通过现在进行时表示"马上离开"。"他走了"就完全不同，汉语读者对此不会误解，"他"在说话的时候已经离开了。重形合的英语译文必须体现出这层意思："He has left/gone."。通过现在完成时表示"他"已经"离开"。

　　汉语的"意合"主要由以下一些因素所致：① 汉语词缀有限；② 汉语句子不随意改变顺序；③ 汉语短语与词的界限不十分清楚，因为汉语是表意文字且汉语的语素大多是单音节的，其组合起来较容易；④ 汉语不像英语那样有七种基本句型，汉语句子呈散状；⑤ 汉语的简单句可以没有主语，也可以没有谓语；⑥ 汉语的谓语可以没有动词或有几个动词；⑦ 汉语虽有形合的复合句，但是汉语形合复合句的语序相对固定。此外，汉语还有意合复合句（英语中没有意合复合句）；⑧ 汉语有公因话题句。关于公因话题句，请看周志培先生的阐述，这里讲公因话题中的音义语块就是指这种语音和语义都相对独立的短语。相当于古人所说的音句或句读。这些音义语块，在它们进入句子后，都与公因话题发生关系而构成一个完整的义句——公因话题句。汉语多流水句，流水句是公因话题句的一种。吕叔湘在《汉语语法分析问题》中指出："汉语口语里特多流水句。一个小句接一个小句，很多地方可断可连。"

　　总之，汉语的意合主要靠意义来组合，而不像英语那样主要靠形合手段来组合。汉语的四字结构充分体现了汉语的意合组合。汉语句子和篇章结构的各个层面以意合为主，没有核心，不像英语那样，有句子核心——主谓基本结构，然后在此结构上可以发展出其他从属句子。汉语靠意念去组合，去理解，有"形散而神不散"之特点。换句话说，汉语的意合与英语的形合的不同就是形态的变化与否。人们通常将英语比喻成树，在树干的基础上发展枝叶；汉语被比喻成竹子，枝叶稀疏，但一节一节直拨而上。语言的正确与否，一般来说从三个方面判断：语法、逻辑和习惯。语法正确的语言如果不符合逻辑，也被认为是错误的语言，语法和逻辑都正确的语言如果不符合习惯，也被认为是错误的。任何语言一般都存在不符合逻辑的情况，由于约定俗成的习惯，也被认为是正确的。汉语由于是意合为主的语言，比起英语就多一些不符合逻辑但符合习惯的情况。例如，"晒太阳"不可能将"太阳"拿来"晒"，逻辑上有问题，但习惯上是对的。"晒衣服"语法上对，逻辑上也对，因为"衣服"是可以拿来晒的。又如，"吃食堂"，中国人自然能理解其真正的含义，但是初学汉语的英语国家的人可能就不理解，"食堂"怎能拿来"吃"呢？正是由于汉语是意合为主的语言，在从事国际商务英汉互译时，若能了解造成英汉语差异的原因，在翻译"晒太阳"和"吃食堂"时就能将原文所蕴含的意思翻译到英语中去：enjoy warmth under the sunshine ; have meals at canteen ; 而不会翻译成: shine the sun ; eat the canteen.

汉语的意合有其内在的规律。根据周志培的观点，汉语的意合规律有以下几点：

（1）逻辑律

任何语言的构词、组词和造句，大体上依靠三个手段，第一个是形态变化，第二个是虚词（各种形式词），第三个是语序。汉语是意合的语言，主要靠语序的排列而变化，而排列词语、句子首先靠语义，其次靠逻辑。虽然语言现象中有不符合逻辑的情况，但是那只是例外。意合通常应该合乎逻辑规律，汉语意合符合的逻辑规律有以下几种：

① 时序律:按照事情发生的先后排列出现。例如，收支、浮动、春夏秋冬、前呼后拥。他打开办公室门，马上打开电脑，查阅电子邮件，开始了一天紧张的公司文秘工作。

② 时空大小律:按照空间的从大到小的逻辑顺序排列。例如，远近、快慢、大大小小、分秒必争。

③ 因果律：语言按照先原因后结果的顺序排列。例如，收紧、松散、积劳成疾。机器再贵也得买。

（2）心理上的重轻律

心理上的重轻律是汉民族的文化心理，是长期以来汉民族形成的语言心理习惯。例如，君臣、男女、高低、东西、新旧、进出口、钢铁、国内外、城乡差别。英语中有时也有轻重律。

（3）音韵律

所谓音韵律，是指说话中为适应协和原则而出现的任何和谐悦耳的语音效果，包括音节、重音、节奏、音步、押韵、声调序等诸因素。汉语中充分体现意合特征的四字结构一般按照语序组合，注意平仄关系交替，如自作聪明、通情达理。

（4）排偶律

排偶律也就是排比与对偶律。汉语讲究对仗排比，排偶律是汉语的特色，是汉语言文化已形成习惯的心理定式。

（四）汉语的形合

汉语和英语的句子既有规定性，又有灵活性，汉语句子除逻辑事理组织方式外，还运用汉语独有的音韵手段；英语句子除形态特征外，也顺从语序要求。此外，汉语的骈偶还具有形合结构的特征，形合就是通过语言的表面形式来链接语句，反映出语言的曲折变化。

汉语的形合手段类似英语的形合手段，具体表现在以下几个方面：

（1）词缀

汉语大约有二十几个词缀，如老、阿、子、儿、头、性、切、可、化等。例如，老王、老李；阿凤、阿男；迫切、贴切；可行性、必要性；经济全球化、现代化；可燃、可溶、可转让。此外，还有大家十分熟悉的形容词后缀"的"和副词后缀"地"。例如，总经理漂亮的女秘书漂亮地完成了总经理交给她的任务。汉语中有几个和动词连用的词表示动词的状态："着"表示进行状态，如工作着；"了"表示完成的概念，如完成了任务。

（2）语音重叠

英语没有语音重叠的现象。语音重叠是汉语的特色，主要是动词和形容词的重叠，如又说又笑，说说笑笑，干干净净，清清楚楚。

（3）形式词

汉语有一些形式词，有介词、连接词、代词、语气词。汉语有方位词，英语却没有。

英语的形合与汉语的意合有其文化渊源。语言和文化紧密相连，而文化又与哲学密切相关。语言是文化的载体，也是人类思维的载体。一个民族的思维与它的哲学观有关。西方的哲学崇尚"人物分立"，倾向于个体思维，着重形式论证。西方的哲学特征是其科学性，而中国的哲学观主张"天人合一""物我交融"，所以中国的哲学特征是艺术性的。艺术靠悟性，科学靠论证。就语言而言，西方语言重形合，讲究语言构件的完整和形式上的链接；汉语则重意合，中国人历来重视人的悟性，所以汉语看似形散，英语看似形整；英语的句子、篇章结构似一串葡萄，而汉语的句子、篇章结构好像一盘珍珠。汉语多无主句，主动语态使用较多，连接词使用少，词句讲究平衡、匀称、对仗；而英语结构紧密，主语一般不能省略，非人称主语使用较多，连接词、介词等串联语句的词汇使用较多。这种根深蒂固的语言、文化、哲学影响着语言使用者的思维习惯。

第二章 跨文化交际概述

第一节 跨文化交际

一、跨文化交际的内容

跨文化交际涉及很多学科，其基本内容一般包括以下两个方面：

（一）文化价值观的文化维度理论的研究

文化维度是跨文化理论中最具影响力的一个理论。该研究确定了区分不同国家文化的四个维度：个人主义与集体主义，权力距离，不确定性避让与不确定性容忍，男性化与女性化。个人主义强调个人所得和个人权利，包括个人的自我决定权；集体主义文化则强调集体所得和集体权力，包括集体对个人的决定权。权力距离是指一个社会中的人群对权利分配不平等这一事实的接受程度。不确定性容忍程度高的人们敢于冒险，对未来充满信心，而不确定性避让程度高的人们则相反。在跨文化交际过程中，对于隐藏在文化深层里的价值观无法回避，人们恰恰是通过了解价值观的不同，来加深其对跨文化的理解。

（二）言语行为文化特性方面的研究

不同的文化会产生差异，文化差异反映到语言上就成为语言上的差异。语言既是文化的产物，又是文化的一种表现形式，语言的使用要遵循文化的规则。语言的使用中，说话的直接与间接是文化差异比较明显的特征之一，大体可以分为低语境和高语境。低语境国家的语言使用比较含蓄隐晦，而高语境国家的语言使用比较直截了当。因此高语境环境下的人们可能会认为低语境国家的人们不诚实，而低语境国家的人们则会认为高语境的人们不礼貌，这就产生了交际上的障碍。

二、跨文化交际的表现形式

不同的学者从不同的角度对跨文化交际的表现形式进行了界定。通常个体对自身文化以外的其他文学作品、艺术作品、建筑遗迹等的欣赏和认识也是跨文化交际的表现形式，跨文化交际的方式可以是直接的，也可以是间接的。古迪康斯特将跨文化交际视为不同群体之间的交往。这种观点同样值得商榷，因为它忽略了个体之间的交往。跨文化交际指的是不同国家、不同文化、不同民族、不同个体之间相互交流信息，共同构建意义和身份的过程。

例如，张三大学毕业后，申请到加拿大的一所学校读研究生，读书期间他住在当地的寄宿家庭里。张三刚住进去的时候，房东给他一张单子，上面列满了在这个家庭中哪些事情可以做，哪些事情是禁止的。其中一条规定洗澡时间不能超过 15 分钟，对此，张三很难理解，认为这是对他的不尊重。后来，经过沟通才知道房东并无恶意，而是由于该家庭使用的是太阳能热水器，因而家庭中每个成员都必须严格遵守洗澡时间，无一例外。

在这个案例中，张三与房东之间的交流就是一种跨文化交际，在张三的文化认知中，人们不会直接告知对方应如何做，更不会用命令的方式来要求对方。在加拿大的文化背景下，明白无误地表达个人观点是最基本的交际手段。经过沟通之后，两人不仅对彼此的文化有所了解，而且使这种交际达到了一种有效的平衡。随着全球化的发展，政治、经济、教育、艺术、科学等领域的建构和发展越来越依靠各国之间的对话和交流，跨文化交际也在不同的领域中发挥着越来越重要的作用。以下本书将以跨文化交际最显著的三个领域——旅游、贸易、教育为例，对其表现形式展开论述。

（一）旅游领域的跨文化交际

旅游是普通民众之间相互接触的最普遍的方式之一。近年来，国人出境游成为一种很常见的现象，但是负面报道也随之见诸报端。例如，据报道，2013 年 5 月我国游客在埃及神庙上刻字“某某到此一游”，同年 8 月又报道我国游客在法国卢浮宫前水池里泡脚等。这些行为表现实际上可以在文化中找到其深层原因，我国传统文化中历来有文人墨客刻诗于岩壁、题诗于庙宇的习惯，古训“成大事者不拘小节”也可视为国人不注重个人形象的成因。虽然事出有因，但是依据当今文明社会的标准，这些表现却是需要加以规范和改正的。

不同文化群体在行为举止上的差异在有些情况下可能会造成一种尴尬的场面。例如，在国内，老人会伸手抚摸陌生孩子的头以示喜爱。这在欧美等西方国家的人看来是很难接受的，他们会直截了当地拒绝和制止这种行为。再如，欧美等西方国家的人在路上遇到陌生人时一般会报以礼貌性的微笑，或者简单地问候一声，如果不这样做则会被视为不礼貌。然而，在日本、中国等地，陌生人之间则很少交流，当陌生男子盯着异性看时，会被视为是粗鲁和无礼的表现，而在美国等西方国家，当陌生男子大声地向异性打招呼时，有时会被看作是对女性的尊重。

例如，美国人 Mary 来中国时住在当地朋友的家里，这个中国家庭为了表示自己的好客之道，经常带她出去吃饭，每次都是在晚饭前一小时跟她说"我们今天晚上去某某地方吃饭"。有时，周末的时候会跟 Mary 说"今天我们去某个地方旅游"。这让 Mary 很苦恼，因为这种临时的安排经常会打乱她的计划。

美国人和中国人对于时间观念的认识存在着较大的差异，美国人喜欢制订日程计划，每个时间段要做的事情一旦确定之后很少会调整和改变，而中国人比较容易变通，喜欢临时做出决定，给对方一个惊喜，却并未意识到这种惊喜给对方造成的不便和麻烦。由此可见，不同文化背景下的社会行为规范对跨文化交际具有一种制约作用，只有保持跨文化的敏感性，理解并尊重彼此文化的差异，积极进行自我调整，才能提高交际效率。

（二）贸易领域的跨文化交际

全球贸易的增速发展传达出这样一种信息，即贸易领域对跨文化交际人才的需求将呈几何倍数增长。在跨国企业全球"开花"的形势下，员工在不同国家之间的频繁流动成为一种司空见惯的现象，而跨国并购谈判也同样成为跨文化交际中备受关注的课题之一。

例如，某跨国公司中国区域负责人事的副总裁 David 是一位美国人，他在上任后第一年年终考核时约见了几位中国员工，当他问及员工未来五年的职业规划时，他们的回答如出一辙，诸如在公司所提供的良好的平台下，相信自己今后会有出色的表现等。这让 David 很困惑，认为这些员工没有明确的个人目标，做事条理性不够，因而他们的考核结果均为不合格。中国员工在知道结果后非常委屈，认为自己兢兢业业工作却得到了这样的结果。上司与员工之间互相不满意对方，引发了公司内部一场不小的危机。

上述危机主要是由交际双方核心价值观的不同所引起的，中国人注重内敛谦虚和韬光养晦，不会明确表示自己五年内将晋升到何种职位，否则会被视为贪心不足或者对上司职位的威胁。然而美国人做事一向先制订计划，然后按照时间规划有步骤地实施自己的计划。上述案例中的上下级之间的矛盾主要是由文化冲突造成的，如果双方能够放下先入为主的偏见，理性看待彼此文化的差异，那么就可能化解危机。贸易领域的跨文化谈判是较早受到社会学家、语言学家、经济学家关注的一个重要课题。

例如，中国某代表团曾赴美国纽约某公司进行项目的投资谈判，当他们到达机场时却发现没有人来接机，只好自己打车前往。他们到达公司会议室入座后，却发现没有摆放茶水，这让他们感到十分不满。会议开始后，中方代表就经济、交通、政策等宏观领域进行了概括性陈述，美方代表则就长期贷款、土地使用、税收优惠等细节问题进行了询问，以期中方代表就此做出详细的解答和坚定的承诺，然而这显然超出了中方代表的权限，导致双方之间一度出现尴尬的场面。后来，经过双方努力，谈判总算有了进展，当谈判接近尾声，尽管还有一些细节尚未敲定，但是中方代表却敦促美方当场签订合同，从而为谈判画上一个圆满的句号。后来的事实证明，中方为此付出了额外的代价。

中国人讲究面子，在对待宾客上唯恐有不周到之处，如接机、专车接送、茶水服务、接风宴、庆功宴等，如果对方未能以这种方式招待自己，就会觉得自己未得到应有的重视和尊重。合同的仓促签订，也表明中国人凡事讲究"圆满"，即使委曲求全也在所不惜。在谈判的时候，中国人以建立长期的合作关系为主要目标，美国人则以合同的签订为主要目的。简而言之，彼此之间文化的不同在该谈判中扮演着重要的角色。

（三）教育领域的跨文化交际

外语教学是跨文化交际较为频繁的一个领域，全球化使得教育无国界的特征愈加显现。迄今为止，留学生或外籍教师几乎遍布我国每一所高校，与此同时，到国外高校留学的中国学生人数也呈逐年增长的趋势。这些学生带着本国文化的印记来到一个陌生的国家，势必会与他国文化发生碰撞。

例如，中国某学生以优异的成绩被美国某大学录取，在求学期间，这名学生从不迟到或旷课，并且按时完成老师布置的作业，然而出乎意料的是，他的期末考核成绩很不理想。老师给他的期末评语是：上课时没有积极参与课堂讨论，与同学之间缺乏沟通和交流。由于课堂表现在期末考核中所占比重较大，因而影响到了他的总成绩。

中国学生在课堂上很少发言，原因有两个：一是其内敛、谦虚的民族性格；二是本国文化价值体系认为，课堂上挑战教师的权威是一种不尊敬教师的表现。在美国，学生即使不知道问题的答案，也会踊跃地提出自己的看法，这一行为被大加赞赏和鼓励，因为这意味着学生关注该话题，并且进行了积极的思考。如果有的学生没有发言，则容易被误解为懒惰。这个案例清楚地表明文化在教学过程中所扮演的角色。此外，外语教学过程中最能体现跨文化交际的地方在于对熟语的理解。熟语是人们常用的定型化了的固定短语，包括成语、谚语、惯用语等。例如，狗在很多国家都被用来看家护院或者当作玩耍伙伴，获得了诸如忠诚、可爱、人类的朋友等一些标签，但是在汉语熟语中却存在着大量与狗有关的贬义词语，如狗仗人势、鸡鸣狗盗、狗眼看人低等。在英美等国家，与狗相关的熟语却大多含有褒义，如 a lucky dog（幸运儿），love me，love my dog（爱屋及乌），dog and pony show（盛大表演）等。狗在两种语言中具有不同的形象，其根本原因在于文化的不同。中国古代是渔猎时代，也是狗被驯化的初期，狗是人类打猎的帮手，享有较高的地位，但是随着牛、羊、猪等的驯化，人类进入农业时期，狗的地位急剧下降，再加上它们的生存仰人鼻息，所以后来出现的"狗腿子""狗仗人势"等词都与之相关；另外，狗在乞食时晃动尾巴并无任何特殊的意义，中国人却将这种行为赋予"谄媚"的含义，由此衍生出其他一系列的贬义词。英美等西方国家社会的发展、人际关系等遵循着另外一套法则，也就没有这类词汇。熟语在日常生活中具有较高的使用频率，它蕴涵了丰富的文化因素，在外语教学过程中，不但要简要地说明熟语的意思，还要点明其文化背景，才能将其运用到恰当的场合中。例如，rain cats and dogs 意为"倾盆大雨"，该短语源自早期水手的迷信，假如水手出海前在路上遇到猫或狗，则预示着此次航行会遭遇狂风和暴雨，借助于相关性联想，人们开始用"下猫下狗"来指代"倾盆大雨"。再如，汉语中有大量生动、形象的熟语，"穿小鞋""戴高帽""猴年马月"等，因此在熟语外语教学过程中，首先需要点明寓意和文化背景，其次需要教师创设较多的语境来帮助学生准确掌握该熟语的用法。

第二节 环境对跨文化交际的影响

任何文化都与本民族的生产和生活现实存在着密切的关联。由于不同民族的发展历程、生活环境、生产和生活方式、生活态度等存在显著的差异性，由此衍生出的物品类型、行为举止、社会规范、思维方式、风俗习惯（包括个人与集体观念、时间观念、信息交流的方式——直接透明还是间接含蓄）等必然有不同于其他民族文化的独特之处。

环境（environment）是指围绕着人群的空间及可以直接、间接影响人类生活和发展的各种自然因素、社会因素的总和。交际环境是指对交际行为、方式、内容和效果产生影响的自然、社会及个人因素。

人们在进行跨文化交际的过程中，环境是影响交际效果的重要因素之一。一方面，交际往往受特定时代、特定氛围的限制，交际者应该尊重当前的事实环境。在谈话的气氛、格调及语言材料和表达手段的选择上都必须适应现实的状况。另一方面，交际的具体时空因素制约着语言表达手段的具体选择和话语模式的确定。

交际环境根据不同的标准可以分为圈内环境和圈外环境，自然环境、社会环境和人物个性环境，高（强）环境和低（弱）环境等。

一、圈内环境和圈外环境

根据交际范围来分，交际环境可以分为圈内环境和圈外环境。圈内环境和圈外环境是宏观跨文化交际的范畴，既涵盖国家范围内跨民族的交际和民族范围内群体间、行业间的交际，也包括跨国家和跨民族的交际。

圈内环境是指在交际者长期生活的群体范围内与其他个体进行交际所处的环境和氛围。一般来说，在圈内环境中进行交际，交际者享有的社会规范相同，影响交际行为和效果的主要是个人的认知和个性等因素。

圈外环境是指交际者离开原来的群体来到一个陌生的群体环境中进行交际所处的环境和氛围。在圈外环境中进行交际，影响交际行为和效果的因素很多，包括自然因素、社会因素和个人因素，交际者既要了解和适应交际对象的文化，避免触犯禁忌，同时又要容忍因文化差异带来的冒犯行为。圈外环境下的交际往往以文化了解为基础，否则会造成交际失误，甚至失败。

二、自然环境和社会环境

按照属性来分，交际环境可以分为自然环境、社会环境和人物个性环境。从现实的角度来看，影响跨文化交际的环境主要是自然环境和社会环境。

（一）跨文化交际的自然物理环境

自然物理环境是人类通过长期有意识的社会劳动，加工和改造自然物质、创造物质生产体系、积累物质文化等所形成的环境体系。自然物理环境可以对人们的生产和生活产生一定的影响，如物产的差异及其衍生的人的生活习惯和观念的差异等。对跨文化交际产生影响的因素主要是时空环境，即交际的时间和空间环境。

交际中的空间环境主要包括交际时所处的位置环境和地域环境。

1. 位置环境

位置环境是指交际行为发生时所处的实际位置，其通常会赋予交际内容一定的含义或者联想。如果不注意位置环境，通常会造成交际失误。

例 1：

十三爷：谁是这里管事的？

狱官：在下就是。

十三爷：你说，我能进去吗？

狱官：完全可以，别说进去，就是在里面吃饭睡觉都可以。

十三爷：你个王八羔子，你在咒我呀！

此案例引自《康熙王朝》，不难看出"就是在里面吃饭睡觉都可以"与交际的现时场所"监狱"联系在一起会令人产生联想含义——坐牢，难怪十三爷不高兴。

例 2：

A: How much is it？

B：One dollar.

此对话如果发生在美国，"One dollar"实指 1 美元；如果在加拿大或者澳大利亚，则分别指 1 加元或者 1 澳元。虽然数字相同，但如果按国际汇率兑换，最后的结果差别就大了。

2. 地域环境

不同民族赖以生活的地域存在地理环境上的差异，因而与之相关的气候、地形、生物以及生产生活方式、社会结构、风俗习惯等自然背景和社会背景也必然存在显著的差异性。

由于不同民族所处的地域不同，不仅会导致物产上的差异，还会形成习俗、规制方面的差异。例如，在海边生活的民族，其物产主要是水产品，其习俗也往往与水有关，如"开渔节"等。生活在草原地区的民族，其物产主要是畜产品及其附属产品，其习俗也往往与牧业有关，如我国藏族在藏历六月（农历八月）举行为期八天的"当吉仁"赛马节等。生活在平原的农业产区，其物产主要是农副产品，其习俗也往往与农业有关，如汉族的"春节"，是庆祝上一年的丰收和展望下一年的收成。

交际的形式和内容与人们在一定地域条件影响下的劳动生活和文化密切相关。例如，"大手大脚地花钱"这一意思的英文表达是"spend money like water"，这一表达与英国的岛国环境密切相关；而同义的汉语表达是"挥金如土"，与中国的农耕文化密切关联。英国是一个岛国，历史上航海业比较发达，因此很多语言都与水和船相关。例如，"to rest on one's oars"（暂时歇一歇），"to keep one's head above water"（奋力图存），"all at sea"（不知所措）等。

英语中有俗语："East is east, and west is west, and never the twain shall meet."《晏子春秋》中也有类似的表达："橘生淮南则为橘，生于淮北则为枳，叶徒相似，其实味不同。所以然者何？水土异也。"这些说法的文化地域性特征很明显。

场合语境是人们在交际中选择语言材料的基础。对交际场所的重视可以避免与特定背景不协调的情形，从而实现有效交际。

3. 时间环境

时间观是人们在长期社会实践中自然形成的。人们的时间观一旦形成，就会深深地潜藏在人们思想的深处，制约和支配着人们的言行。反过来，一定的言行又反映出一定的时间观，人们的言行传递出与时间观有关的信息。美国人类学家爱德华·霍尔说，时间会说话，它比有声语言更坦率，它传达的信息响亮而清晰。

交际的时间环境是指交际发生时对交际方式的选择、交际内容的繁简和交际效果的好坏等产生影响的时间点或者时间段。交际发生的时间点或者时间段会对交际产生影响，因此，交际对时间点或者时间段的选择与适应会直接影响交际的效果。

（二）社会环境

社会环境是指人类生存及活动范围内社会物质和精神条件的总和。社会环境一方面是人类精神文明和物质文明发展的标志，另一方面又随着人类文明的演进而不断地丰富和发展，所以也有人将社会环境称为文化与社会环境。人类在改造自然、发展生产、创造文明的活动中结成不同的群体，建立了生产关系和社会关系。不同的社会制度、经济状况、风俗习惯、文化背景等构成了社会环境。广义的社会环境包括整个社会经济文化体系，如生产力、生产关系、社会制度、社会意识等。狭义的社会环境仅指人类生活的直接环境，如家庭、单位、组织和其他集体性社团等。

社会环境对人的形成和发展进化起着重要作用，同时人类活动给予社会环境以深刻的影响，而人类本身在适应和改造社会环境的过程中也在不断发生着变化。

1. 心理环境

心理环境是德国心理学家勒温在拓扑心理学中提出的一个基本概念。心理环境是指对人的心理产生实际影响的整个生活环境，它是指人脑中对人的一切活动产生影响的环境事实，也即对人的心理事件产生实际影响的环境。

人们的生活环境包括自然环境和社会环境，它囊括了对人产生影响的一切过去、现在和将来的人、事、物等全部社会存在，其中历史传统、文化习俗、社会关系等社会现实，则是更为重要的心理环境。只要有心理的存在，就可能有意识或者无意识地影响着人的行为。

中西方的自然环境、社会环境及文化渊源差别很大，因而形成了具有各自特色的习俗。例如，在个人形象方面，西方人比较注重个人仪表，有约定俗成的适用于不同场合的服饰规则（dress code），而在中国则没有特别的服饰规则；在待人接物方面，西方人在第一次见面时习惯于主动进行自我介绍，办公事时凭名片证明自己的身份，而中国人往往在已知对方身份的前提下才主动进行自我介绍，办公事需持公函或者单位介绍信，分宾主位次落座；在称谓方面，西方人以平等对称为主，职衔称谓为辅，而中国人往往强调职权，以职衔敬称为主，平等对称为辅；在问候礼仪方面，西方人往往以时间、天气等为媒介来问候对方，礼品偏重纪念意义，而中国人往往以关心对方的身体、饮食等个人事务为媒介来问候对方，礼品偏重实用，并强调双数和寓意等。

2. 认知环境

认知环境被定义为人们能够明白的一组事实。这些事实体现为认知环境里的各种元素，包括对物质概念与精神概念的分辨、对具体概念和抽象概念的取舍、对正确概念与错误概念的评判等，共同组成认知主体的总认知环境。

在跨文化交际中，人们总是利用已有的认知来对人们的交际语言或行为进行正误、优劣等价值性评估，并在评估的基础上做出适当的反应。如果超出已有的认知范围，人们往往会做出错误的评判，从而会影响到交际的效果。

第三节　现代跨文化交际理论

一、跨文化交际学

　　身为传播学的一个领域，跨文化交际学是由爱德华·霍尔最初的研究，慢慢发展成一个内容丰富的庞大领域。跨文化交际和传播研究两者具有一个共同的基础概念：传播、沟通（communication）。但是传播和文化（culture）两个概念结合后，才开始建立起跨文化交际学这个学科的正身。二十世纪七十年代之后，有学者试着界定跨文化交际学的内涵。除了《传播年刊》（*Communication Yearbook*）前四期各有一篇论文，专门探讨跨文化交际学的领域，还有几位学者的作品值得讨论。

　　首先，按里奇（Rich）的看法，跨文化交际为一个笼统的概念。为了研究和学习上的方便，里奇主张将跨文化交际学分为以下五个领域：

　　1. 跨文化交际学（intercultural communication）

　　探讨来自不同文化的人们之间互动的关系。例如，中国人和美国人或日本人和巴西人之间的互动。

　　2. 国际传播学（international communication）

　　探讨来自不同国家代表人之间的互动关系。例如，联合国各国代表之间的互动或韩国大使和加拿大总理之间的会谈。

　　3. 种族间传播学（interracial communication）

　　探讨一个国家或地区内多数（majority）和少数（minority）民族之间的互动关系。例如，美国盎格鲁－撒克逊白人与非洲裔美国人之间的互动。

　　4. 少数民族间传播学（interethnic 或 minority communication）

　　探讨同一国家内少数民族之间互动的关系。例如，华裔美国人和日裔美国人之间或中国境内苗族与彝族人之间的互动。

　　5. 逆向传播学（contracultural communication）

　　探讨由跨文化交际转入种族间传播的过程。例如，哥伦布登陆美国时到目前，白人和印第安人之间互动的关系。

　　里奇的分类内容包含很广，虽然有的定义（如国际传播学）过于狭隘，而且与既存定义有所不同，但是这种区分给后来学者学习的过程带来很大的方便。

　　另外，从里奇的分类，可以看出她心目中跨文化交际研究的对象，完全是以人的互动为主，并且侧重在人际沟通的方向。

总而言之，目前跨文化交际研究的主流，乃是以人际的沟通行为和文化的互动为对象，它承袭了传统的传播学研究方法，并且相当重视实际上的应用。这种理论和实际同时并进的现象，也正是跨文化交际研究的一大特色。作为传播学的一个分支，跨文化交际学可以说是传播学的多样性（diversity）和包容性（inclusiveness）所产生的一朵奇葩，从二十世纪五十年代爱德华·霍尔的研究至今，这门学科发展的速度令人惊叹。这是一门由沟通的需求而产生的研究领域，由于"地球村"（global village）与文化多元性（cultural diversity）等理论的兴起，可以预见跨文化交际学的发展将会不断深入。

二、跨文化交际学的伦理原则

"互惠性"（reciprocity）乃是跨文化沟通最具有普遍性的伦理原则。这是"己所不欲，勿施于人"的发挥。也就是说，在沟通的过程中，人们不希望将别人的事强加在自己的头上。这个普遍性的原则要求四项行为的准则：相互性、不妄加臆断、诚实与尊重。

1. 相互性

跨文化沟通的相互性（mutuality）要求不同文化的双方，必须尽力建立一个共同的互动空间，并且不能把这个互动的空间，建立在自己或对方的文化基础之上，双方必须了解到，积极寻求一个可以畅言舒心的共同分享的空间的重要性。任何缺乏弹性的以自己文化作为沟通标准的互动，都是跨文化沟通的障碍。

2. 不妄加臆断

不妄加臆断（nonjudgmentalism）是开放心灵的表现。它意味着我们在适当情况下公然表达心思与接受他人表达的意愿。不妄加臆断的功夫能促使彼此之间的信息流通自如，同时在跨文化互动的过程，加强自己认同、感激与乐意接受不同意见的素养。不妄加臆断的目的在于解除双方信息自由互换的桎梏，而达到此目的的首要条件，就是从认知文化价值的差异建立起彼此之间的互信。

3. 诚实

诚实（honesty）指对自己发出信息的理解与对互动对象的坦白。《中庸》里曾提到"不诚无物"，人际交往的过程，只要一心，存不实，有所作为和无所作为是一样没有意义的。诚实乃是看待事物之本然，而不是把事物依人们所要看待的样子去看待。全然了解自己与文化可能存在的偏见，是在跨文化沟通的过程表现出诚实之心与行为的基础。

4. 尊重

尊重（respect）强调对互动双方基本人权的护卫。尊重他人的能力，建立在察言观色以得知与认可对方需求的敏觉力（sensitivity）。这意味着必须认识到，在互动的过程中，一种想法可用多种方法来表达。因此，尊重这种因文化差异产生的信息表达的多样性，就成为在跨文化沟通中所应遵循的原则。这种相互尊重的做法正是保护互动双方人性尊严的良方。

这四项原则是培养一个多族裔、多文化间人们能真正对话（dialogue）的环境的必要措施。这些原则也提供了跨文化沟通的行为准则。

三、跨文化交际学的准则

从以上所述的四项原则，可以归纳出五条跨文化交际所该依循的行为准则：志愿性的参与，尊重个别性，免于受害的权利，隐私权的保护与避免强加个人的偏见。

（一）志愿性的参与

不受胁迫的参与互动，是跨文化交际最基本的需求。这种志愿性参与的本质，强调沟通双方全然与正确地了解互动本身可能带来心理与社交上负面的冲击。很明显地，强迫他人参与跨文化交际的行为，违反了相互性与尊重两项跨文化沟通的原则。

（二）尊重个别性

文化本身固然是影响跨文化沟通最重要的因素，但只有在文化冲击发生之前，强调个别性（individuality）的重要，一个真正的对话才有可能产生。纵使文化处处规范其社会分子的思想形态与行为举止，同文化内个别性的差异仍是相当明显。在文化规范之前试图寻求了解个人的特性，是避免落入文化刻板印象（stereotype）之窠臼的要素。文化刻板印象的缺点，在于其将群体的特性当作是个人的特性，因此抹杀了个体性的存在。

（三）免于受害的权利

基于诚实的沟通原则，任何加诸互动对方生理上、心理上或社交上的伤害，必须完全避免。这个原则包括不应该使用不适当的方式来操纵对方。

（四）隐私权的保护

跨文化交际相互性的原则，并不意味着相互侵犯隐私（privacy）。不管互动对方的性别或文化背景，尊重个人的隐私是任何沟通顺利进行的必要条件。为了特殊目的需要提出某种问题，事先应该照会对方或寻求对方的同意，以免因突如其来的语言或动作使对方措手不及而感到惊讶或不快，这在跨文化沟通上是基本的修养。

（五）避免强加个人的偏见

最后一个原则是避免将自己的意见强加到互动对方。由于人类的认知系统因文化的不同而有着多样性的差异，这种经由文化的影响产生的主观性，常常在跨文化沟通时，造成个人的偏见（bias），导致不必要的误解。一个有道德、有良心的人，不但需要了解这种偏见可能带来的负面影响，更需要试着避免利用这种偏见来哄骗或误导参与互动的对方。

四、跨文化交际理论

（一）交际资源

交际资源是指在不同的交际情境下适合地、有效地、创造性地运用认知、情感和行为资源的知识和能力。如同资源的其他形式，它与被作为学习经验的新情境和探讨的程度有关。

从认知角度看，一个个体是否将跨文化交际看作是挑战并确立其身份的机会，或看作是令其忧心忡忡的事，对他怎样与陌生人进行交流将会产生很大的影响。假如一个个体传递的是一种自我身份的保护意识，就很可能会唤起对方的自我身份保护意识。

跨文化交际的情感不是以自我为中心就是以他人为中心，或者更多情况下是两者的共同作用。文化对交际的附属物——情感意义和反应，起了主要作用。对于强调个性的人，大多是以自我为中心的情感。他们关心"公正性"，在自我和他人之间求得平衡，不断地希望获得公正的规则、原则和标准。相反地，以他人为中心的人的情感大多由强调共性者拥有，他们以人际关系为中心，可以通过一些表示关切的活动而相互接近。在这两种情况下，个体情感资源要求能解决一些情感的问题。文化和性别的差异同时会影响个体的自我概念和道德构建。

在不同情境下处理不同个体的不同身份需求，跨文化的交际者需要利用行为资源来发展大范围的言语及非言语的活动。交际者能对陌生人做出反应和回答，并随时从对方处获得信息是行为资源的其他方面。

（二）片段描述理论

片段描述理论是一个以认知为中心的跨文化交际理论。福加斯（Forgas）提出，跨文化交际的关键是交际双方对社会生活片段没有相配的或共享的认知描述，也就是说，他们以不同的表达和形象来描述这些社会生活的片段。社会生活片段是"在特定的文化或次文化中，典型的反复发生的互动活动。这种特定的文化及次文化构成了交际行为的'自然单元'。同一文化或次文化的成员之间拥有相互共享的、隐性的认知描述"。福加斯提出交际片段的认知描述在一些主要特征方面得以区别，分别是：交际所体现出的亲密程度、参与程度及友好程度；自信；对每次交流的正面或负面的评价；任务定位或关系定位；焦虑；文化价值观，如强调共性／强调个性，获得成绩／人际关系。

福加斯断言，交际者描述的差异越大，他们相互理解的难度也就越大。文化和次文化的不同是这种差异的主要来源，但其他变量在跨文化交际中也同样存在。这些变量，如一些普通的技术性的专业知识，有利于跨文化交流的顺利进行。另外，通过创造共享的认知描述，交际者可以克服交流的障碍，因此，跨文化交际的有效性与可在交流者之间创造的共享片段描述的程度有直接的联系。为了互动的成功，参与者必须在社会情境定义上取得根本的一致。

似乎只有一项研究对福加斯的跨文化交际理论进行了直接的检验。这是一项将较成功及较有凝聚力的学生团队和相对不成功及不怎么有凝聚力的学生团队进行对比的研究。研究结果表明：较有凝聚力的团队比较松散的团队具有更复杂的社会片段描述（前者具有三个维度：友好度、亲密度和活跃度；后者只具有两个维度：评估和友好度）。尽管如此，其他研究发现也给这个理论的某些部分提供了支持。例如，一项对学生和家庭主妇进行的对比研究表明：对家庭主妇来说，社会片段大多是在以下方面得以描述，如亲密度和友好度、自信及正面的或负面的评价。研究结果没有给出学生的情况，但暗指学生的情况是不同的。一项对大学教师、研究生及学校其他职工的对比研究表明：身份地位越低，其在社会片段中感知的焦虑性就越高；参与性是大学教师使用较多的一个标准；学生具有较低的评估性却在任务目标性上占据最高位置。

另一个发现是一个个体明示的社会经验水平跟他／她的社会片段描述有很大的联系。具较高社会经验的个体更多地从评估和饱和度两个维度来看待社会片段，而具较少社会经验的个体大多从焦虑性这个维度来看待社会片段。

（三）跨文化交际的构建法

建构主义提出：人们所需要的并不是一个跨文化交际的理论，而是一个相关的理论。从根本上来说，跨文化交际的适应焦点可以包含历史上出现的群体生活在交流上各种形式和作用的影响。也就是说，跨文化交际总的来说是交际的一个部分，应该有一种交际理论足以控制和解释它。

根据海德（Heider）的说法，当前很多社会科学研究都在利用一种隐喻，即每个人都是自然的科学家，他们都试图从自己的世界里获取意义。构建法认为，在人际这个讨论域里，推论和行为并不是或者说很少以预测或理解自我或他人为目的，而更多的是为了实现个人或情境所赋予的目标。在交际中的人可以被认为是"工具制造者"。人们相互交流做出反应，他们通常不会去理解他人为什么要有那样的行为，而是理解他人为达到他们自身的交流目的的所言所做而带来的隐含含义。通常这么做只是为了做出合适的反应，从而保证对话能顺利进展下去。

在一些日常情境下，交际被对话目的和一些例行公事所左右。如在日常工作会议即将结束时，人们总是会讨论和决定下次会议的日子，而不去想为什么和怎么样想。就是在这样的情境下，文化和文化差异对交际的影响是最明显的。因此，在一个强调等级的文化里，出席人员中地位最高的人的建议将是制定下次会议日期的决定性因素。在一个强调人人平等的文化环境中，会议的日期就会根据所有人的空闲时间而定。尽管如此，由于这些习俗和习惯都是隐性的，参与跨文化交际的人们通常意识不到这些会给他们的交流带来的障碍。这里隐含的意思是，文化对交际的影响很可能是最强的，又恰恰最不易被认识到。这种影响不仅仅存在于交流的最初阶段，也存在于工作关系的其他阶段。这与大多数其他关于文化对关系影响阶段的观点是冲突的。

文化的规则、习俗和礼仪在追求目标的过程中作为资源存在。在一般语境下，它们可以被看作是全部所需的，但即使是这样，它们也应当被看作是被使用的，而不是被遵循的。更苛刻的情境，就像那些跨文化交际的情境，要求说话人能使用以人为中心的信息来辨认出交际对方的想法，考虑他人的感觉并在合适的时候从他人的角度对其要求和命令给予解释，通过明确的提问来获取他人态度、信仰及价值观的信息。以人为中心的信息比不以人为中心的信息更为复杂，这就要求交际者具有更强的认知能力。用构建主义的话来说，它们"反映了过程取向的交际能力的综合"，并且已经显示出它们能更有效地获取对方的好感。

（四）期待理论

期待理论的核心思想是对互动行为期待的影响。人们根据信息接收者可能做出的回应，在不同的交际策略中进行选择。三种信息被用来进行这种猜测和预料，即文化信息、社会信息（角色和群身份）及个人信息。（北美洲国家的人采用更多的个人信息，而非社会信息；而日本人正好相反。）在前文了解到人们对信息接收者可能做出的回应的期待对他们的交际行为有很大的影响。期待本身是以下这些变量作用的结果，它们是知识(了解)、信念／态度、旧观念、自我构想、角色、先前的交际和地位特征。在这个模式里，知识（了解）是指交际者对其第一次遇到的交际对方所应归属群体的了解。当一个个体遇到"生人"，同时又对"生人"所属的群体丝毫不了解，那他就会通过看其所行，听其所言，来对对方接下去的行为进行猜测，当然，这些观察是有选择性的，所得到的印象也会被交际者自身的文化构架所影响。这些通过观察和解释得到的行为被看作是"典型的"，推理由这些印象得来。

当与不熟悉的人交流时，这种进行推理的必要性就更大，这能导致极度预测和期待。事先对另一交际群体了解得越多，就越不会倾向于过度解释一些通常在第一次交流时注意到的较细微的行为样本。先前的了解、影响、期待会影响一个人的后续行为。假如了解的情况是精确的，效果似乎就会是有利的。尽管如此，假如他们有着错误的信念和想法，或者这种了解到的"知识"是由简单化了的或不精确的旧观念组成的，所得到的期待就会歪曲行为，给交际带来相反的效果。马努索夫（Manusov）和赫格德（Hegde），从对46位美国学生及来自印度学生的录音对话中发现，基于对印度先前存在的了解和想法，这些美国学生的交际行为有很大的不同。

通常人们会在三个策略中利用一个或多个策略来获取对另一交际群体的信息。其中，第一种是一种被动策略，如看电视（这种策略被认为是最容易导致对旧观念的过度依赖）或直接观察而没有互动。第二种是一种积极、主动的策略，即通过向来自另一群体的交际对方询问其文化或次文化。第三种是一种互动策略，即与来自另一文化或次文化的个体交流，提问问题，自我表达，并努力发现一些值得注意的现象。第二种从表面上听起来像是一种信息收集策略，事实上，它正是这样的。尽管如此，获取精确的信息与自我构想和角色将交际及个人身份联系起来。自我构想有三个组成部分：个人的、社会的和人类的。在特殊情境中，一个个体很可能会选择（有意识或无意识地）将自己定义为一个独特的个体（一种个体性的定义）或是群体中的一员（一种社会性的定义）。当交际行为大多是基于个人身份的时候，人际交往就产生了；当交际行为是基于社会或角色身份时，群际交往就产生了。当人们与另一个体作为个体和个体间联系的时候，他们对对方行为的期待将较少地受到他们对对方所属文化的信念和态度的影响；当交流情境被看作是群际交流时，情况却恰好相反。"地位"这个概念在所有的文化交流中被广泛运用，它被人们作为一种对其交流对方所形成的期待输入。总的来说，相比地位较低的人，地位较高的人更易被人们期待或接受更多的行为。地位是由一些外部因素（如人种、种族、性别、外表、受教育程度、职业）和一些有关表达的因素（如眼神交流、说话方式、肤色），或者一些陈述的信息（如某人说他是在墨西哥长大的）构成的。虽然在所有的文化中，这些都被看作是构成地位的因素，但它们在实际应用方面却不是完全平等的。在日本，专业地位非常重要，人们只有了解它，才能用正确的方式与对方交流，因而在介绍的时候交换名片就很重要。在美国，正好相反，直接询问对方专业地位的做法被认为是很不礼貌的。在美国，不论是在性别方面或工作方面，外表通常被看作是一个重要的地位因素。

在与他人的交际中，群际态度、旧观念、偏见及在交际过程中引起的情感回应都对期待造成影响。假如期待被违反，就很容易唤起情感回应，因此产生一种反馈循环作用。期待是基于对另一群体的了解，但是当这种了解缺失或不足的时候，期待者自身（次）文化的期待就会得到应用，当然，在这种情况下，这种期待极易遭到违反。这个话题吸引了伯贡（Burgoon）的注意，他提出了期待违反理论并对其做出解释。虽然这个理论很好地归纳了言语行为，但它最初是特别针对非言语行为提出的。当另一个人的行为与感知者的期待一致的时候，对这种情况的意识通常并不明显，并且感知者总是根据他们"通常的"方式来判断"信息"或交流对方。这种"通常"的方式与他们对交际者和他们行为的归因一致。尽管如此，当另一个体的行为违反了原有的期待，期待者就会被这种违反所困扰。这种结果通常会以加强的形式来改变原有的评价，即正确评价的信息及信息来源者会受到更多的肯定，而错误评价的信息则正好相反。对违反和违反发出者的评价同样也受到违反者给期待者提供的"积极的信息"，如增强期待者自尊程度的影响。在与来自不同背景的人进行交际的过程中，期待很可能会遭到违反，但期待违反所带来的代价似乎是非常不受欢迎的。因此，与文化内交际相比，在跨文化交际中，期待违反理论暗指对交际对方的高度负面评价。

第四节　跨文化交际中语言交际和非语言交际

一、跨文化交际中语言交际

语言是交际的工具，也是文化的载体，在跨文化交际中具有重要地位。作为交际工具，不同的文化群体凭借语言进行沟通和理解；作为文化载体，不同的文化群体通过各自的语言展现其不同的文化特征。

语音、词汇与句法是语言的三要素，三者之中语音对跨文化交际的影响没有其他两个方面那么直接和明显，词汇与跨文化交际的关系最直接。

（一）词汇与跨文化交际

词汇是记录和反映世界的语言符号，它代表着特定的对象或现象，人们通过词汇来表达对世界的认识。不同的民族由于在自然、地理、宗教及价值观念等方面的差异，对世界的认识也各不相同，并通过语言和词汇系统表现出来，这使得相同的事物在不同的文化中可能具有不同的所指，一种文化的词汇系统不能与另一种文化的词汇系统完全对应，同样的能指反映的可能不是同一事物。因此词汇及其语义是跨文化交际实践与研究的重要方面，理解不同文化之间词汇、语义的差异可以帮助我们进行跨文化交流。

词汇对文化的反映方式各不相同，有的词本身指代该民族特有的事物事件，如汉语中的"长城""空城计"；有的词多个义项中的一个义项与民族文化相关，如"牛""红"。前者是与文化直接相关的词汇，后者与文化的关系通过词汇不同层次的语义显示出来。

1.与文化直接相关的词汇

词汇分为基本词汇和一般词汇。基本词汇很稳定，千百年来为不同的社会服务，不同的社会中基本词汇的重合度较高，如"火""人"。一般词汇则有较大的灵活性，不同的社会中差异较大，有的一般词汇与文化直接相关，其概念意义中含有明确的民族文化信息和深层的民族文化，特别是古语词、方言词及熟语。古语词常表示该民族历史上或精神层面的特有事物或现象，如汉语中的"鼎""阴阳""生肖"；方言词体现不同的地域特征，如四川话中的"瓜"、上海话中的"侬"；熟语是定型化了的固定短语，是特殊的词汇。另外，熟语源远流长，是民族文化长期积累的成果，体现了民族的物质文化、精神文化或心理文化的各个方面。各民族语言中都有丰富的熟语，成语是其中重要的一类。

成语是人们长期以来习用的、简洁精辟的定型词组或短句。成语源自神话传说、寓言、历史事件、文人作品、摘录于文人作品中的名句、摘录于文人作品中引用的民间俗语，是民族文化的长期沉淀，具有丰富的文化内涵。汉语中有丰富的成语，如"天花乱坠"来自佛经《心地观经·序品》中的故事，传说梁武帝时云光法师讲经，感动了上天，天上的花纷纷降落下来，现在用来形容说话有声有色，非常动听，多指夸大的或不切实际的。"一视同仁"来自唐代韩愈的《原人》，指同样看待，不分亲疏厚薄。这些成语往往与该民族的自然环境和文化特征有关，槟榔、榕树叶都是越南热带环境中特有的植物，在其成语中也会出现。横草的意思是把草踩倒，在中国是很容易的事情，但在韩国因为战争多在野外山地、草地上进行，所以常用横草比喻战争的艰辛。英语"bone of the bone and flesh of the flesh"意思是"骨中之骨、肉中之肉"，比喻血缘上的亲属关系或思想上的团结一致，出自《圣经》中上帝造人的神话。上帝造了世界和亚当后，发现亚当孤独无伴，就趁他熟睡的时候，从他身上取下一根肋骨，造成一个女人夏娃，领到他面前，从此两人结为夫妻。"swan song"字面意思是"天鹅之歌"，实际意思是最后杰作、绝笔，源自希腊成语 kykneion asma，在希腊神话中天鹅是太阳神阿波罗的神鸟，常用来比喻文艺；天鹅平素不歌唱，而在它死前必定引颈长鸣，高歌一曲，其歌声哀婉动听，感人肺腑，这是它一生中唯一的、最后一次歌唱。

2. 词汇的语义

语义指的是语言中词语的意义。语义的异同与文化密切相关，是跨文化交际中的重要问题。

（1）指示意义与隐含意义

在日常交往中，词语本身所指称的意义是明确的，称为指示意义（denotation）；有的意义却是暗含在词语背后的，称为隐含意义（connotation）。一个词除了具有字面的指示意义，还可能具有隐含意义。指示意义也称字面意义、概念意义或明指意义，隐含意义也称联想意义、引申意义或暗指意义，它是在特定的社会和语境中产生并表现出来的意义。例如，"海"的指示意义是"大洋靠近陆地的部分"，隐含意义可以指"连成一片的很多同类事物"。熟语常常通过指示意义来体现民族文化，基本词汇和大部分一般词汇则有所不同，它们常常通过隐含意义来表现文化特质。例如，"海"字的隐含意义还可以是"从外国来的"，因此汉语中有"海归"一词指代"在海外留学或工作后归国的人员"，四川话的"海椒"一词指代来自外国的辣椒。

由于客观世界的相似性和民族文化的特异性，不同民族之间指示意义相同的词语可能隐含意义不同。例如，"胖"这个词在汉语和德语中的指示意义都是"脂肪多"，但在汉语中还有传统和现代两种隐含意义，传统的含有富足的意义，现代的含有形象差、不注重体型的意义；汉语中现代的"胖"的意义与德语中"胖"的意义相同。因此词语的隐含意义与文化密切相关，对一个词的理解不仅要明白其指示意义，还要掌握其隐含意义，并在交际中准确地理解和使用。要特别注意由于文化不同而形成的词汇意义的差异，特别是隐含意义的异同，以保证双方相互的准确理解及顺畅交流。例如，告诉一个中国人他很胖，这个中国人可以理解为自己生活状态不错，也可以理解为形象差；而说一个德国人胖，则会让听者以为暗示自己的形象差、不健康，会让听者感到不舒服，引起其负面情绪，进而会影响双方的进一步交流。

（2）跨文化交际中的语义差异

语义的差异，特别是隐含意义的差异，对跨文化交际有至关重要的影响。两种语言的指示意义和隐含意义的异同有以下几种情况。

第一，指示意义相同，隐含意义不同或截然相反的词汇。在不同的文化中，同一事物可引起完全不同的联想，在词汇意义上的表现是词语指示意义相同，隐含意义不同，即词汇具有不同的文化内涵或文化意义。如"乌鸦"一词，在不同的民族语言中具有不同的隐含意义。在汉语中乌鸦代表着不吉利，如"乌鸦嘴"指的是说不吉利的话，然而在很多民族及其语言中，乌鸦代表着吉利，会受到人们的喜爱和尊敬。在日本，乌鸦是至高无上的神鸟，也被看作是孝心的代表；在缅甸，很多商店的店名是"金乌鸦"。再如"绿色"在英语和汉语中的含义差异较大，在英语中 green 有丰富的含义，可以指未成熟的、无经验的、易受愚弄的，可以指面色苍白，有病容，也可以指人精力充沛，其他还可以代指嫉妒、眼红，如 green-eyed。汉语中的"绿色"主要是一种颜色，嫉妒是用相反的颜色"眼红"来表示的，"眼睛都绿了"则是"饥饿""贪婪"的意思。

隐含意义有差异的词汇在跨文化交际中比较常见，在面对不同的文化时要注意各民族对世界的不同认识，并注意其体现在语言符号上的差异。

第二，文化中的词汇缺项。不同民族在物质生活上的差异很大，这也会形成很多词汇缺项。

（二）语法与跨文化交际

语法是组织成句的规则，每种语言都有自己的语法系统。每个社会都会使用某种特定的语言，并遵循这种语言的语法规则。语法规则的差异体现了深层文化的差异。

世界语言数千种，根据不同的标准可以分成不同的类型。根据语言起源发展和谱系分类法，可以分为汉藏语系、印欧语系、阿尔泰语系、乌拉尔语系等十多种；根据构词方式进行分类，可以分为孤立语、屈折语和多式综合语四种类型。不同民族的语言在语法上的系统差异体现了各民族文化起源及随之定型的思维方式的差异及认知方式的差异。

1. 跨文化交际中语法类型的差异

汉语在谱系上属于汉藏语系，在构词方式上属于孤立语，语素绝大部分是单音节的，句子中的词缺少严格意义的形态变化。比如，在"你读完这本书了吗"这个句子中，"你""读""完""这""本""书""了""吗"每个词由单音节语素构成，在句子中没有任何形态变化，名词"书"没有阴性、阳性的变化，动词"读"没有时态的变化，代词"你"没有格的变化。同时，在这个句子中补语"完"、时态助词"了"、语气助词"吗"则表达着丰富的语法意义，因此大多数学者认为虚词和语序是汉语的主要语法手段。由于缺少形态变化，汉语与印欧语言相比在句法上具有两个特征：词组构造与句子构造一致，词类和句子成分不对应。

西方语言属于印欧语系，在构词方式上属于屈折语，有多种表示各种语法意义的词缀，动词、名词、形容词等常可以加词缀使词形发生变化，表示特定的语法意义。如英语中有表示名词单复数的 -s，表示动词时态的 -s、-ing 和语态的 -ed 等，这些形态不仅是构词的形式，也是使句子成立的语法手段，因此印欧语系形态变化丰富，词类功能比较单纯。例如，在 "I have told him." 这句话中，I 是主语，形态上是代词的主格形式，told 是谓语，是动词的过去分词形式，him 是宾语，是代词的宾格形式，整个句子的句法成分和词类是对应的。

因此，学者们多认为汉语与印欧语系各语言的差异是形合和意合的对立，汉语重意义、重内容、轻形式，印欧语重形式、轻内容。印欧语以英语为例，英语高度形式化、逻辑化，句子成分必须完备，各种组成部分很少省略，主语更不能省略。汉语则不注重形式，句法结构不必完备，动词的作用没有英语那么突出，重意合，轻分析，在表示动作和事物关系上几乎全依赖意合。如"这本书不想看了，太难了"，在英语和汉语中所采用的语法手段完全不同，在英语中需要说成 "I don't want to read this book. It is too hard"，这个句子主谓宾句子成分完备，各个词的词形变化与它的句法成分一致，而在汉语中第一个小句主语和谓语的语义关系没有表示被动的形式标志，第二个句子则没有主语。

2. 跨文化交际中的认知与语序差异

不同语言的思维方式差异体现在认知方式上。由于语言具有线性特征，人们说话时只能按照时间的先后依次说出一个一个的音节，因此语言具有时态象似性（tense iconicity），语言成分的次序与物理世界的次序或人们对事物的认识次序相互平行，表现为时间顺序原则、时间范围原则和时空范围原则。

在没有时间词或时间状语的并列复合句中，时间顺序原则起作用，两个句法单位的相对次序决定于它们所表示的概念领域里的状态的时间顺序，如"我回家拿钥匙"，事件的顺序和语言成分的次序是一致的，先回家再拿钥匙。这条原则在许多语言里是一致的，如英语中这句话可以翻译为 "I will go back to get keys"，语序与汉语一致。

　　在有时间词或时间状语的句子中，不同语言语序是不一致的，在汉语中起作用的是时间范围原则，即"如果句法单位 X 表示的概念状态在句法单位 Y 所表示的概念状态的时间范围之中，那么语序是 YX"。这条原则要求时距小的成分排在时距大的成分之后，如"昨天他去北京了"，"他去北京了"这一状态在"昨天"的范围之内，因此主要动词"去"放在时间词之后。英语则不遵循这条原则，时间词放在主要动词的前后都可以，"He went to Beijing yesterday"和"Yesterday he went to Beijing"都对。

　　在汉语中时间范围原则还可以更普遍地体现在空间上。无论是时间还是空间，大范围成分总是先于小范围成分，如汉语地址的写法是从大到小，"中国四川省成都市一环路南一段 24 号"，英文则刚好相反，小范围成分应该在大范围成分前，应该写成"No.24 South Section 1，Yihuan Road，Chengdu，China"。从时空范围原则来看，汉语由大到小的语序反映了使用这一语言的民族的认知策略，汉语母语者习惯从整体到局部，采用"移动自我"的策略，移动自己而逐渐接近客体，在经历小的局部之前先经历整体。英语从小到大的语序反映了该民族的认知策略，英语母语者习惯从局部到整体，采用"移动客体"的策略，目标客体从包容它的大客体中向认识主体走来，在经历大的整体之前先经历局部。

二、跨文化交际中非语言交际

　　人类的交际既包括语言交际，也包括非语言交际。语言学研究的主要对象是有声的语言，即语言、语言交际，非语言交际往往被忽略。非语言交际是人类的本能行为，贯穿了人类交际的整个过程，对语言交际起到了重要的辅助作用，是交际过程中不可或缺的部分。除了语言，在日常生活中人类还用非语言的行为来表达自己的情绪、态度、感觉等。借助非语言行为，人们往往能理解和洞悉他人的心理过程，建立印象，获取真实和准确的信息。随着全球化和世界经济一体化，人类的交际活动日益密切，跨文化交际活动日趋频繁，因此非语言交际不仅是非语言行为信息的传达，也包含了多元的文化信息。在跨文化交际中，不同的文化会呈现出多样的非语言交际的表达方式。因此非语言交际的研究是非常必要且具有现实意义的。

　　"Nonverbal Communication"，鲁希与基斯（Ruesch & Kees）第一次在自己的专著中这样命名，我们称之为"非言语交际"或"非语言交际"。在人的一生中，从出生到生命的结束，非言语行为都是非常重要的。科学研究发现，语言是在人类进化过程中产生的，语言产生之前，人类的祖先主要通过非语言行为进行交流，非语言交际的产生远早于语言交际。

（一）非语言交际的定义

　　关于非语言交际，从认识到它在交际中的重要作用开始，近半个多世纪以来，学者们有自己不同的理解。美国的莱杰·布罗斯纳安将人类的交际分为口语、书面语和非语言行为三个部分。因为文化教育的偏见，绝大多数受过教育的人往往认为书面语最重要，口语次之，身势动作名列最后。口语和书面语都属于语言范畴，人们常常将非语言行为排除在语言范畴以外，而他却认为非语言交际的重要性、出现率、所提供的信息量都远远高于语言交际。萨默瓦尔反复强调非语言交际要在一定的语境中进行，除了语言，非语言行为可以由人发出并生成，或者是由外部环境自然形成的。另外，萨默瓦尔还进一步指出非语言交际所获取的信息对交际双方（输出者和接受者）都具有潜在的价值。从广义上讲，非语言交际是排除了语言行为以外的交际方式。狭义的非语言交际，是指在一定的语境下，受到多种因素影响，人类有意或者无意地发出的以及借助环境形成的交际方式，对语言交际起着辅助的作用。

（二）非语言交际的研究和发展

从二十世纪五十年代开始，在西方，非语言交际的研究由浅入深、从单一到多维、从片面到全面。随着对跨文化交际的深入研究，非语言交际已经紧密地与之结合在一起，成为语言交际的重要辅助部分和外语教学的重要组成部分。非语言交际的研究，主要分为以下几个时期。

1. 萌芽期

非语言交际的研究最早可以追溯到十九世纪，著名的生物学家达尔文（Darwin）开创性地研究了人类和动物的非语言交际行为，从生物学的角度找到了人类和动物表情、行为的关联性，并发表了《人类和动物的情感表达》，对非语言交际的研究产生了重大的影响。

二十世纪初，学者们考察研究的是声音、外貌、表情、衣着等方面，没有形成非语言交际体系的研究。这一时期的代表如克雷奇默（Kretschmer）的《体格和个性》和《人的体格变化》。埃弗龙（Efron）于1941年出版了《身势和环境》一书，该著作的研究对象主要为体态语。虽然三本著作对非语言交际的研究还比较单一，却对后世产生了深远的影响。

2. 形成期

二十世纪中期，非语言交际的研究有了突破性的发展。人们开始意识到非语言交际行为在人类交流中的重要性。伯德惠斯特（R.L.Birdwhistell）于1952年出版的《举止神态学概论》一书标志着人们开始将非语言交际与人际关系结合起来研究。

美国人类学家爱德华·霍尔（Hall）首次将非语言交际与跨文化交际结合起来，这无疑将跨文化交际中的非语言方面的研究向前推进了一大步，他也成为该领域主要的研究者。他于1959年出版的《无声的语言》成为非语言交际研究的奠基之作。此后，他又相继出版了《隐蔽的尺度》《超越文化》等著作。

鲁希与基斯1956年合著的《非言语交际：对人际关系的直观感觉笔记》是第一部以非语言交际命名的著作。

3. 发展期

二十世纪六十年代，非语言交际的研究有了较大的发展。埃克曼（Ekman）和弗里森（Friesen）深入研究了非语言行为的成因、应用、编码以及功能。法斯特（Fast）于1970年所著的《体态与交际》则被认为是对之前的非语言交际研究者成果的总结。莱杰·布罗斯纳安所著的《中国和英语国家非言语交际对比》首次将非语言交际放在中国和英语国家的背景下进行系统全面的对比分析，并提出了自己独到的见解。

二十世纪八十年代，非语言交际在我国开始引起重视，涌现了一批学者开始研究这一方面的问题，并取得了良好的成果。这一时期的主要代表是胡文仲、毕继万等，他们翻译出版了大量的西方经典著作。由胡文仲主编、毕继万编著的《跨文化非语言交际》，对非语言交际的研究发展状况进行了全面细致的分析和总结，从跨文化交际的角度，比较了中英非语言交际的文化差异，是我国非语言交际研究中的一部代表性著作。

4. 开拓期

近代，随着通信和传播技术的发展，人们的交往空前频繁和密切，跨文化非语言交际开始受到广泛的重视和关注，研究的领域和内容越来越广泛。非语言交际成为跨文化交际学中一个重要的研究部分。跨文化交际学的开拓者拉里·A. 萨默瓦尔（Larry A.Samovar）和理查德·E. 波特（Richard E.Porter）每三年会编辑出版一次在跨文化交际学界享誉盛名的《跨文化交流学论文集》。从1981年起，他们还编写并多次再版了跨文化交际的教科书《跨文化交际》，不断吸收新的科研成果。1995年，我国成立了跨文化交际研究组织——中国跨文化交际研究会，该学会定期召开学术会议，出版学术论文。此外，除了非语言交际本身的研究，还出现了非语言交际的跨学科研究。非语言交际行为不是单一独立存在的，而是一个复杂的、多维的系统，它与语言学、人类学、社会心理学等都有着千丝万缕的联系。

（三）非语言交际的特点

霍尔在他的著作中提到非语言交际是"无声的语言"。非语言行为有先天形成的，也有后天习得的；可以是有意识而为之的，也可以是无意识而形成的；既可表达个人情感，也可传达具体信息；既有世界通用的，也有因文化习得不同而有差异的。

1. 隐蔽性

由于教育的影响，在交际时，我们更重视的是口头表达和书面表达，有时会忽略非语言的交际行为。从习得顺序来讲，从我们出生到咿咿学语，非语言行为的习得是早于语言表达的。非语言行为实质上是一种潜意识行为，如尴尬时会脸红，生气时会咬牙切齿，紧张时会口吃等。这些行为很难人为加以控制，是自发的、潜在的。非语言动作常伴随着语言发出，并且这些动作往往非常细微，让人难以察觉。大多数从事国际汉语教育的教师都有这样一种感受，不论学生还是教师都很重视书面语和口语的表达，但很少注意到非语言交际在教学过程中的重要作用。例如，汉语声调是外国学生学习汉语的一大难点，在教学过程中，教师在纠音的同时配合一些手势、身势语，学生发音的正确性会有所提高。

2. 真实性

语言有口语和书面语之分。语言表达时，用辞藻加以修饰和美化，可能很难准确判断字面意义背后的深层含义。中国有句俗话叫"百闻不如一见"，语言描述得再多、再仔细，也不如亲眼一见。这说明只有非语言交际才能体现出事物的原貌和真实性，语言交际是经过人的思维加工后生成的，在交际时，输出者留给接收者巨大的想象空间。只有面对面地交流，通过观察非语言行为，才能掌握确实的信息。测谎仪器利用机器测试人类的心跳、呼吸速度、体温、瞳孔大小等微表情以及行为动作便可较准确地判断出被测试者是否说谎。

3. 多维性

非语言交际不是孤立存在的，它必须依托于语境。在一定语境中，非语言行为的表义是明确的。但是一旦离开语境，它的表义就会比较笼统，让人无法准确推测出其中原委，从而无法体现交际价值。人们除了运用言语手段在交际时传递所要表达的信息，还会调动表情、手势、身势、服饰、时间、场景、语速、语调、颜色、气味、化妆等多种手段来进行辅助沟通。人们有意或者无意地做出一些非语言行为，在不同的环境中可以得到不同的信息反馈。例如，与人会面时着正装，表情严肃，可以判断这是一场商务谈判；休假时，多数人喜欢穿着宽大的 T 恤衫、舒适的运动鞋，神情轻松。首先，非语言交际只有存在于一定的语境之中，才会对语言交际起到辅助作用。其次，非语言行为是不同文化习得的产物，是人类文明发展形成礼俗规范的结果。最后，非语言交际是多学科研究的对象，与语言学、心理学、人类学等都有着密切的联系。

（四）非语言交际的功能

毕继万先生说："一方面要看到，在交际中，脱离非语言配合的孤立的语言行为往往难以达到有效的交际目的；另一方面也要认识到，非语言行为只能在一定的语境中才能表达明确的含义，并且一种非语言行为只有与语言行为或其他非语言行为配合，才能提供明确的信息。因此脱离语言行为或其他的非语言行为，孤立地理解或研究某一非语言行为的含义常常是难以奏效的。"非语言交际不可能是孤立存在的，必须伴随着言语信息、语境以及信息的接收者所关注的方面而存在。如中医诊断疾病的方法是"望、闻、问、切"，其中的"望"是非语言行为动作，对病人的神、色、形、态进行有目的的观察，以测知内脏病变，配合语言交际来完成诊疗的过程。非语言交际对语言交际起到辅助的作用，这种辅助作用主要体现在以下几个方面。

1. 重复

言语信息不能完全表达的，可以通过非语言行为的重复来进一步解释说明。例如，在表示同意时，一边用语言给予肯定，同时一边点头，伴随的是赞同的表情和态度。点头起到的是重复指示作用。在指示方向时，我们会一边用语言描述，一边用手指向那个方向。

2. 否定

言语信息所传达的意思，不一定是真实或者准确的。非语言行为所传达的可能与语言行为所传达的信息完全相反，起到否定的作用。例如，甲笑着对乙说："我要告诉你一个非常不好的消息。"这个时候乙可以推测出，甲是在开玩笑，甲的表情反映出，实际情况与语言描述相反。

3. 代替

不愿或不便用语言来描述或者表达的，可以通过行为动作来传达，以达到"心照不宣"的效果。例如，感动时，一个拥抱足以代表千言万语；交通警察在指挥交通时，使用的手势，就是代替语言来传达指示和指令；潜水时，人们在水底是无法进行言语交谈的，因此会用一些特定的手势来沟通。

4. 补充

非语言行为可以对语言表达起到修饰和描述的作用。例如，在拒绝别人的时候，通常除了语言上的拒绝，我们还会在胸前做双手交叉的动作，或者摇头和摆手；说抱歉时，脸带歉意会更加恳切。

5. 强调

非语言行为还可以加强语言表达时的态度。例如，在为别人加油的时候，同时会握紧拳头，振臂高声呼喊；同时可以用手掌轻拍对方的肩膀，给予鼓励。生气时，配合语言，流露出激动的表情，提高音量，甚至可能会有拍打桌子的动作出现。

6. 调控

非语言行为可以调控交流状况。交谈时，人们用手势、眼神、动作、停顿等暗示自己要讲话，或已经讲完，或不让人打断；向对方点头表示同意并让其继续讲下去；沉默表示给别人讲话的机会；将食指放在嘴边意思是"请安静"。

（五）跨文化非语言交际分类

非语言交际的范围非常广，且部分非语言交际行为是无意识地发出的，因此无法详细地统计和归类出所有的非语言行为动作。因划分的角度不同，产生了很多的分类方法。鲁希和基斯是最早将非语言交际进行分类的，分为手势语、动作语、客体语三大类。纳普（Knapp）的分类方式更加细化，共分为七大类：身势动作和体语动作、身体特征、体触、副语言、近体距离、化妆用品、环境因素。根据非语言行为所表达的含义，可以分成善意、恶意和中性意义。根据人类的感官，可以划分成可听动作和可见动作。根据非语言交际的基本方式，将非语言交际分成两大类，一类是借助于身体来表达的方式，包括外貌、动作、面部表情、眼神传达、体触和副语言；另一类是与环境相结合而发出的信息，包括空间、时间和沉默等。结合跨文化交际的特点，根据交际中信息传递的主体和呈现的客体两方面，将非语言交际划分为体态语、副语言、客体语、环境语。

1. 体态语

体态语，指的是使用身体动作来进行非言语交际。据不完全统计，人类可以做出的姿势多达 27 万种，比能发出的声音还要多，具体姿势包括身势、眼部动作、面部动作、头部动作、手部动作、体触等方面。

（1）身势

身势是人类最基本的生理属性，是身体所呈现出的状态和样子，包括坐姿、站姿、跪姿、蹲姿、卧姿、走、跑等。中国的谚语"坐有坐相，站有站相"就强调了身势的重要性，身体姿势可以反映出一个人的精神状态、社会地位、个人修养、性格特点以及职业情况。步履轻盈展示人心情愉悦，身体健康；步履蹒跚，多半是年长者的步伐或者身体抱恙者；脚步沉重则预示着人有心事，或者遭遇不幸；人在严肃拘谨时正襟危坐；人在自由闲暇时闲散而坐。另外，身势还能反映出文化的深层结构。比如，在日本，鞠躬是人们互相问候的方式，表现了对别人的尊重，也是一种地位的象征。地位低的人先向地位高的人鞠躬，角度通常还要比后者低。一些韩国男性习惯双腿交叉席地而坐，而在土耳其却认为这个动作令人厌恶。美国人在交谈时，人们喜欢比较舒适的站姿，甚至在课堂上，也有老师双脚离地坐在讲台上与学生交流。传统的中国礼仪认为"站如松、坐如钟"，与人交谈时，无精打采、东倒西歪地站着或坐着是不礼貌的行为。调查发现，部分亚洲国家的人认为站立时双手交叉、抱臂站立是不礼貌的行为，而欧美国家的人却不这么认为。姿势具有一定的可控性，可以通过语言的提醒或命令加以改变，可以有自己习惯的先天姿势，也可以是后天学习形成的。

（2）眼部动作

透过眼部的动作、眼神的转换、目光的接触，交际双方很快就能实现信息的传递和交换。恋人含情脉脉的眼神，传达出爱情；父母对孩子温情的眼神，传达出亲情；犀利的眼神，让人敬畏和害怕；柔和的眼神，让人感到温暖和亲切；目光呆滞，则能反映出一个人的疲惫，精神状态不佳，或者智力不足；目光灵活，则能反映一个人灵活、机智、充满活力。眼珠向不同方向转动，也可表示不同的含义，如向上看可表示傲慢、目中无人，也可能是在思考；斜眼则可表示蔑视、轻视。中国人为了表示礼貌，不会长时间直视对方，当和对方有目光接触时，会立刻回避。这体现了中国文化的含蓄和内敛的特质。在一些欧美国家，双方在交际中较短的目光接触，会被认为是不尊重对方或者轻视对方。大多数中国人常常喜欢围观，而一些英语国家的人非常反感，认为这是一种没有礼貌的表现。

（3）面部动作

比起身体的其他部位，面部的动作应该是最为丰富的。以笑为例，有微笑、大笑、嘲笑、奸笑、冷笑、讥笑、皮笑肉不笑、笑中带泪等。通过面部表情，人类可以表现出态度和感情。学界普遍认为，人类的面部表情大部分都是先天形成的，后天影响或习得的只是一小部分。人们的喜怒哀乐可以通过面部表情直观传达，因生理原因所表现出的面部特征，是人类所共有的，具有不可控性，但客观真实。例如，人在身体虚弱时面色苍白，嘴唇发紫；身体健康时，有良好的精神面貌，容光焕发等。随着情绪的起伏，通过五官的变化和配合表现出悲伤、愤怒、喜悦、恐惧、惊讶、喜欢、厌恶等。当然，因为面部动作变化莫测，难以辨认其具体含义，所以面部动作的表达也存在一定的模糊性。这源于不同的人对待事物的反馈不同，因而表现的程度也不同。在不同文化中，这一点尤为明显。大部分亚洲国家的人常常会控制自己的情绪表达，会用比较委婉的方式来表达自己的态度，压抑自己的情绪，尽量避免将不满的情绪写在脸上。然而大部分欧美国家的人表达却要直接得多，他们不太习惯中国人太过委婉的表达方式，所以欧美国家的人会比较直接地表现自己对于事物的态度。

（4）头部动作

配合眼部动作和面部动作，头部也会随之做出相应的反应。单一的头部动作表达的含义是模糊的或者并不包含任何实际意义。人在表示轻蔑、高傲的态度时，斜眼的同时头向斜上方抬起。人在点头时表示赞同，面带微笑、眼神真挚有力；如果在点头的同时，带有轻蔑的、不屑的神情、冷笑或是苦笑，多是否定或不满。一些英语国家的人打招呼时，将下巴扬起，微笑并点头。近年来，受到西方文化的影响，中国人也会做出此类动作，但是常常是在熟识的人，或者同辈之间，如果对长辈也采用这样的打招呼方式，会显得不够礼貌。除此以外，头部动作还可以用于指示方向。在中国，点头有同意、允许、命令、承认、认可、感谢等意思。当和别人交谈时，要不时点头表示你正在认真倾听。摇头可表示否定、抵制、拒绝、禁止等，当然也有自相矛盾的时候，如在表达高兴和赞许时，会激动得一边摇头，一边说："我简直无法相信这是真的！""我在做梦吗。"在少数国家摇头也表示肯定，头部微向前伸表示对事情很有兴趣、愿意倾听，而头向后仰则表示漠不关心、没有兴趣、无关紧要。

（5）手部动作

人类用双手创造了世界，改造了自然界。人们运用手部动作来进行交流，成为非语言交际中最细腻也最核心的表达方式。和面部动作相比，手部动作的表达更准确。面部动作适用于近距离交际，因此有一定的局限性，而手部动作在较远的距离仍然可以识别。在日常生活中，手部动作发挥了不可替代的作用。在一些体育比赛中，相互配合的队友在赛场上通过手势来进行交流。交通警察用手势和动作指挥交通。手部动作千变万化，难以全部收集和整理。南美洲人交流时手势较多，而大部分亚洲人认为说话时指手画脚是缺乏教养的行为。当然，因为性别不同，手势也会有所差异。比如，女人的手势比男人少，并且幅度要小一些。在一些国家，食指和中指呈"V"状，手心向外，意思是胜利，成功；大拇指和食指相扣呈圆形，竖起其余三根手指，意为"OK"，表达同意和赞许。在大多数国家，伸出大拇指意味着"了不起""真棒"，然而在伊拉克，伸出大拇指却有侮辱和讽刺对方的意思。另外，手势动作还可以用于计数，中国人从右手拇指开始，一一弯曲手指计数，而有的欧美国家的人是将一根根的手指掰开。此外，手势还可以用于方向、位置的指引、物体的描述等。

（6）体触

体触是在交际中身体的接触，握手、拥抱等都是体触的主要表现，这是最直接、最近距离的交际方式。体触的交际方式感受最直观，在交际中，感觉消失最慢，是非语言交际中的首要体现手段。然而在这一点上，中国和欧美国家的差异性较大，往往会出现非语言交际的误解和障碍。中国人体触频繁，多近距离的交流，而欧美国家的人体触较少。

由于文化历史因素，莱杰·布罗斯纳安认为中国属于聚拢型文化，欧美国家属于离散型文化。这源于中国的宗族繁衍多是群居的家庭模式，而欧美国家的人多属异族混居。在日常生活中，中国的女性之间喜欢挽着手逛街或走路，而欧美国家的女性则较少这样。中国和欧美国家，男性之间若过多体触行为，都会让人瞠目结舌。在正式的场合，受西方文化影响，中国人会面用握手取代了传统的屈膝礼和鞠躬等礼节。

2.副语言

与语言表达不同，副语言注重语言表达的方式，而非语言表达的内容。它是伴随着有声语言的那些没有语义的声音，既包括沉默，也可通过控制或变化音高、音量、音强、音色、音质、语速、语调、停顿等起到对语言的伴随作用。副语言主要体现在停顿沉默、声音修饰、话轮转换、非语言声音等方面。

（1）停顿沉默

在交际中，不做出有声的反馈，而是通过停顿或者沉默表达意见和看法，所谓"此时无声胜有声"。在中国人的交谈中，沉默可以表达非常丰富的含义。伴随着语言，停顿或沉默既可以表示同意，也可以是无声的反抗；既可以表示默认，也可以是保留自己的看法；既可以表示顺从，也可以表示坚持自己的立场。适当地停顿或沉默会产生比语言更明确清晰的表达效果，从而更强有力地表明自己的立场和态度。沉默这一交际方式，在中国包括东亚其他国家（日本、韩国等）较为常见。受到儒家文化的影响，人们会比较委婉地表达自己的观点或者态度，不会言辞激烈地拒绝或者批评别人，常常用沉默来代替。欧美国家的人，虽然赞同"沉默是金"，却非常不习惯这种交际方式。成人之间的交流，如果听清楚问题，就应该有所反馈，如果对方以沉默来代替，他们会觉得自己不受尊重。因此，霍尔根据这一差异，划分出了"高语境文化"（high-context cultures）和"低语境文化"（low-context cultures），前者可以叫作"依赖语境的文化"，后者可以称为"不重视语境的文化"。

（2）声音修饰

同样一句话，如果采用不同的语调、音强、音速、音长，即使是同一个人说出来也会有不同的含义，也会有不同的表达效果。声音的修饰作用也正是体现在此。演讲时，抑扬顿挫的语调会吸引听众的注意，而平铺直叙的语调，会让人感到疲倦。声音的强弱可以体现一个人的性格，自信的人声音洪亮而有力，胆小的人会低声细语；当人在情绪激动时，语速加快，音调升高；当人在平静时则是娓娓道来，不疾不徐。另外，声音的修饰还可以直观地反映出一个人的健康状况，健康者中气十足、沉着有力；体弱者则会软弱无力，底气不足。由于身份的不同，说话的语调也会有所不同。如果语言没有声音的修饰，就会是苍白无力的。当然，也应注意在不同的场合使用不同的声音修饰，避免引起他人的反感。

（3）话轮转换

话轮转换通常出现在话轮结束、话轮维持、话轮请求、话轮返回时，并且通常都是有声的反馈方式。交际是一个双向互动的过程，为保证交际顺利进行，根据合作性原则，一方在表达自己的意见看法时，另一方要做出适当的反馈。话轮转换的特点在于说话者和听话者在交际过程中角色不断转换，却很少出现重叠或者冷场。比如，在听别人说话时，听话者会不时地根据情况发出"嗯""是的"，以示自己在认真地倾听。当讲话方要结束自己的发言时，会变化声调、拖长音、放慢语速等，或者给听话者一个目光的接触和暗示，示意讲话结束，听话者可以发言了。如果听话者此时不想发言，希望讲话方继续说下去，则会以一个目光接触反馈，或者用沉默代替。在会话过程中，礼貌性原则有时会被忽略。听话者不想继续听下去，想打断讲话者或者插话时，会发出一些提示声音。当讲话方希望继续讲下去，不希望被人打断时，则会加快语速，变化音量，还会使用一些字词来填补发言时的间隙。在跨文化交际中，应避免长时间独占话轮，以及随意打断他人的发言，对他人的发言不做出回应等；应遵循合作性原则、礼貌性原则以及经济性原则，在别人讲话时，认真倾听，给出恰当的反馈。

（4）非语言声音

非语言声音是指没有具体含义，却可以传递信息，以达到交际目的的那些声音，也称功能性发声。发音器官可以发出声音，如感应叫声，人在感觉到疼痛的时候，会发出的呻吟声"哎哟"；人在感觉寒冷时，一边跺脚、搓手，并发出"sisi"声；人在开心的时候，会发出"waw"的欢呼声；人在失望时，会发出"唉"的叹息声。除此以外，人还可以模仿自然界的各种声音，如狗叫声、猫叫声、鸡叫声、爆炸声、小河淌水的声音等都有相应的拟声词对应。人体内还可以发出各种声音，如咳嗽、清嗓子、打喷嚏等。

3. 客体语

客体语是指在非语言交际中，信息的传递者（客体）与讲话者（主体）之间没有直接关系，信息是由主体根据客体的具体表现，运用生活和文化常识推理并联想来获取的。如果说副语言主要靠听觉来完成交际，完成信息的传递的话，那么客体语需要通过视觉和嗅觉来解码信息。客体语是借助个人所拥有的物品，有意或无意地展示了交际者的生活习惯、个人品位、性格特征、社会地位、职业特点和文化内涵等内容。第一印象非常重要，在还没有进行语言交流前，交际者首先观察的便是对方的体貌、着装、发型、妆容、装饰品等方面。不同的外表会给人留下不同的印象，预先为语言交际做出判断，提供参考。

（1）肤色与体貌特征

不同种族的人有不同的肤色、不同的体貌特征，这造就了最自然的人与人之间的亲疏关系。当然，同一种族之间肤色和体貌也存在着差异。对于男性，可以从强健的体魄、黝黑的皮肤推测出这个人热爱运动，身体健康，性格热情而主动；从身体瘦弱、皮肤偏白等这些特征可以判断这个人不喜欢到户外，性格可能比较内向，胆子较小。对于女性来说，大多数欧美国家的人认为女性身材丰腴、长相标致是美丽的标准，而亚洲国家的普遍审美标准是身材匀称、唇红齿白、皮肤白皙。烈日炎炎时，在一些亚洲国家的街头，常常会看到一些女性打着遮阳伞、戴着遮阳帽，做好各种防晒的措施，目的就是为了保持肌肤白净；大部分欧美国家的女性则更愿意享受日光浴，她们认为小麦色的皮肤才是健康的，皮肤白与不白不会作为评判美丑的标准。

（2）服饰

纵观人类发展的历史，不难发现服饰也在随之变化。服饰一开始用来御寒遮体，大大提高了人类的生存质量。人类逐渐地运用服饰来修饰美化自己，通过服饰来展示一个人的社会地位、等级、职业、个人修养和喜好等。根据不同时期、不同民族的服饰更可以推断出当时的社会生活、政治、经济情况，反映出不同时期、不同民族的主流文化。因此，服饰成为非语言交际中一种重要的形式，服饰所体现的文化差异和交际信息也成为跨文化交际中关注的焦点。中国古代，只有皇帝可以穿龙袍，一般百姓穿布衣。历朝历代，文武百官根据品级的不同，会穿着不同的服饰。鲁迅笔下的孔乙己穷困潦倒，宁可成为"站着喝酒而穿长衫的唯一的人"，也不愿脱下长衫成为短衣帮，他固守的就是"长衫读书人"的身份。国际公认的着装应遵循"TOP"原则，T（time）：时间，顺应不同的季节、天气、时间着不同的服装；O（object）：对象和目标，根据不同的对象和目标，着不同的服装；P（place）：地点，服装应符合不同场地、地区、场合的要求。服饰着装应根据场合而定，显得大方得体。在办公室、教室、休闲场所、宴会厅、家里应根据具体情况选择适当的服饰。在中国，有的人喜欢穿着睡衣上街，这一点在西方人眼中觉得不可理解，且缺乏礼貌。

在登山或户外运动时，有的女性却穿着高跟鞋和短裙，显得不合时宜。除此以外，人们可以根据自己的身份和地位、职业特点，选择合适的服装。在韩国和日本，人们在职场上普遍选择着正装，男性是西装，女性是西式裙装或者裤装。教师在课堂上不可着牛仔裤或者过于暴露的服装。着装时，也要注意搭配的规范和原则，以免穿戴不当给别人留下不好的印象。与此同时，饰品的穿戴也值得注意。英语国家的已婚夫妇，都会在左手的无名指上戴上戒指以显示自己的婚姻状况。在中国，大多数男性婚后没有佩戴婚戒的习惯。近年来，受到西方文化的影响，有些中国的年轻夫妇也开始佩戴婚戒。

（3）妆容和发型

在非语言交际中，妆容和发型也会起到一定的指示作用。化妆多就女性而言，在大多数国家，女性在正式的场合一般化淡妆，显示了对会议或活动的重视和对别人的尊重；在舞台上或者娱乐场所，一般会化浓妆或者比较华丽的妆容。在中国古代，成年男子会束发，而女子嫁为人妇会挽起发髻；在现代，女孩子出嫁当天会盘起长发。在西式的婚礼中，新娘常常长发披肩，中国的长辈往往不能接受，在欧美国家却没有新娘必须盘发这一规定。发型不同会给人展示人们不同的精神面貌。对女性而言，短发给人精明干练的感觉；清汤挂面式的直发则让人感觉温柔淑女；长卷发会有成熟妩媚之感。就男性而言，多为短发，少数留起长发的男性，给人感觉个性张扬、叛逆。

（4）身体气味

身体气味是人体散发出来的各种味道。因为饮食习惯、饮用水源、生活习惯、种族、性别、个人卫生情况，以及外部环境等都可以影响人体的气味。在交际中，嗅觉可以传递这些信息，通过嗅觉还可以推测出交际方种族中的家庭习惯、文化习惯。例如，有些以放牧为生的族群，以牛羊肉和奶制品为主食，身体便会散发出牛羊的味道；喜食素食和稻米、小麦的族群，彼此之间不会明显感受到身上的体味，而对其他种族或国家的人身上的味道却非常敏感。在跨文化交际中，应注意自身异味的清除，如口气、汗味、胃肠气等，应及时做好个人卫生管理，养成良好的卫生习惯。

4.环境语

环境语包括时间、空间、颜色、建筑设计与装饰等。它与我们所处的地理和自然环境有关。在非语言交际中，环境语是人为创设的生理和心理环境，它与客体语一样，都是一种客体呈现的信息。与客体语不同，客体语借助的是个人所有的东西和物品来传达信息，而环境语往往与个人的联系不那么紧密。

（1）空间语言

空间观念是后天习得的结果，不同文化的人都有自己所习惯的交际距离。霍尔认为"空间会说话"（space speaks），在《无声的语言》中霍尔用了很长的篇幅来描述生物怎样利用空间，以及空间在非语言交际方面提供的重要辅助作用。从人际距离可以知晓交际双方关系的亲疏，并显示出其社会地位。朋友、恋人之间交谈的距离与陌生人见面时的距离是不一样的，与上级交谈和与同级之间交谈的距离和位置也不同。例如，剧院设有贵宾席，机场会隔离出 VIP 通道；观看明星的演唱会，距离的远近不同票价也会有天壤之别。空间环境还可以影响人的情绪以及人与人之间的交际，从而改变交际的效果。中国春运时在车站的拥挤与家人团圆围坐在一起的感觉是截然不同的。空间的公开和私密也会给人的心理造成不同的影响。在公共环境中，人们通常会修饰自己的言行，避免出糗，显得谨慎小心。在私密的环境中，会让人觉得较有安全感，可以自由自在。但即使是居住在同一屋檐下的一家人，彼此也需要有隐私空间。

中国幅员辽阔，人口众多，而欧美国家大多地广人稀。地理环境和文化的差异使得欧美国家的人更强调个人主义，而中国人强调集体主义。个人主义代表人当自己的空间受到侵犯时，他们常采取更积极主动的立场，因而他们也更注重保护隐私。

座位安排的方式往往有不同的含义。座位离主人或主桌的远近，决定了该座位人地位的高低。中国人比较喜欢用圆形或正方形的餐桌，这样大家可以离得更近一些。面向门的位置就座的一般是主人，座位安排以右为尊，如果紧邻主人的右手边，无声的空间语言就暗示着你是主人重要的客人。西方人更习惯用长条形的餐桌，他们普遍采用分餐制。美国人更习惯同坐在对面的人谈话，而不是同坐在旁边或站在旁边的人谈话。

在面对面的交流中，空间的变化赋予了交际者更多隐藏的信息。交谈双方的距离远近可以反映出交流内容的隐秘程度和重要性。当两个人之间的距离非常近，细声耳语时，交流的内容可能是个人隐私或不便公开的内容；当两个人之间的距离适中时，交流的内容可能是个人事务、工作汇报等；当两个人交流的距离较远或者在对一群人说话，且音量比较高时，他们一定是在发表演说，内容在一定范围内是公开的、可传播的。

（2）时间语言

时间是人类文明的产物，在非语言交际中，人们所研究和关注的不是时间本身，而是受到不同文化影响，人们对于单位时间的长和短、快和慢、守时与不守时等的理解和态度，或者说是时间观念。比如，有些国家的人认为在做事情之前，应该安排并计划好，然后再实施；而有些国家的人认为，事情应该顺其自然，计划不如变化快。时间和空间是相互作用、密不可分的，任何人都不可能摆脱时间和空间而生存，万事万物都要在时空中发展。霍尔在《无声的语言》中用大量篇幅讲述了时间在非语言交际中起到的重要作用，他认为时间不仅可以反映出许多真实的信息，甚至比有声的语言更加具有说服力。与文化有关的时间主要有以下两类。

① 正式时间。

人类划分出不同的时间单位。时间本身就是人类对于宇宙和自然界变迁的感知而得出的结论，是人类文化的一部分，其中还包含了人类的宗教观和哲学观。因文化影响，人们对于时间有不同的认识。国际上通用的纪年法在中国叫作公历，几千年的农耕文明，祖先们通过对自然界的观察和领悟，如月亮的阴晴圆缺、庄稼的生长季节、日月更替等，制定了农历；在民间人们还会使用黄历来指示吉凶，为交际、出行提供参考。中国人除了庆祝世界通用的新年，还会庆祝农历新年，并且更加隆重，中国人赋予了这一天"团圆""热闹"等含义。在其他国家，人们在一些特定的节日，会与家人团聚。

②非正式时间。

相对正式时间，非正式时间的划分显得模糊不清。如一会儿，究竟是三五分钟，还是三五十分钟，得根据具体情况和语境而定。霍尔将人对于非正式时间的观念分为两种类型，一类为"一元时间"，另一类为"多元时间"。遵循一元时间的人习惯于计划，事情呈单线条发展，一次只做一件事，重视效率和隐私，不会轻易打乱计划；习惯于多元时间的人的特点是没有严格的计划性，一段时间可以做好几件事，认为时间是有弹性的，富有人情味。一元时间模式的人认为多元时间模式的人不太讲究办事效率，人际关系过于复杂；而多元时间模式的人认为一元时间模式的人做事过于死板，不够变通。

（3）颜色

在非语言交际中，颜色在很大程度上会影响交际双方的心理。近些年来，人们越来越重视颜色给人心理所造成的影响，色彩心理学也应运而生。色彩心理通过视觉，延伸到知觉、感情、记忆、思想等，让人产生不同的情绪，从而给颜色附加了象征性。颜色在视觉上，让人感受到冷暖和轻重，同时对人的情绪也会起到调节作用。鲜艳的红色和黄色，让人感到温暖；灰色和蓝色则给人的感觉较冷。医院病房的墙面通常是绿色或者米白，这些颜色让人感觉平静；幼儿园的墙面总是五颜六色的，让人感受到活泼和快乐。从对色彩的经验积累会逐渐演变成对色彩的心理规范。黑色象征权威、高雅和低调，也意味着冷漠、防御、距离感，人们在正式场合，严肃庄重的情况下会穿上黑色的衣服。白色让人感觉快乐而明亮，在西方象征纯洁、高雅，因而西方的新娘结婚时都穿着白色的婚纱。中国人觉得红色让人感到喜庆和幸福，还有辟邪的作用。当有喜事的时候，中国的人们穿上红色的衣服，用红色的物品来装饰环境。商家通过产品与消费者产生无声的交流，同样种类的商品，消费者在不熟悉的情况下，究竟会选择哪一种，取决于商品的外包装是否能和消费者之间产生共鸣。夏天的商品多采用绿色和蓝色，让人感觉清凉；而冬季的商品则采用暖色，让人感到温暖。

（4）建筑设计与装饰

中国人的建筑非常讲究朝向，房屋最好是坐北朝南，这样才能吸收更多的光线和热量。光线和热能充足才能让人精神饱满，充满活力。长期生活在阴暗的空间里，人的心情会变得抑郁和忧伤，性格难免会变得孤僻，缺少活力。自古以来，中国大到皇宫、寺庙，小到民居,都遵从这一原则。中国的建筑以北为尊,主要的建筑和主人房间都建在北面。除此之外,无论是建筑本身还是建筑布局都讲究对称,中国人觉得只有布局和谐才能让人赏心悦目。这一点,欧美国家的人是不太在意的,因而他们的建筑造型各异,传达出不同的风格。在建筑装饰中,家具的摆放位置,在中国人眼中也非常重要,经商的人会在进门显眼的位置摆放招财猫,寓意招财进宝。

(六)跨文化非语言交际中的文化冲突

非语言交际需要建立在文化基础之上,不同文化背景的人交往,不仅涉及语言,而且不可避免地会涉及其他方面。语言和非语言行为之间相互依存,密不可分。人们在交谈时,如果面无表情、语气平平地用语言表达,就和机器人没什么两样。当今时代,不同文化背景的人接触日益频繁,跨文化交际开始越来越受到重视。在跨文化交际中,人们常常更注重语言表达,字斟句酌,希望避免发生任何语法错误。但即使已经非常熟练地掌握了一门外语,如果忽视非语言行为的重要性,也很难融入其他文化中,甚至还可能造成误解或冲突。在跨文化交际中,非语言交际发挥的重要作用甚至超过语言交际,在发生交际障碍时,非语言动作可以暂时代替语言,维持交际活动,使交际可以继续开展。科技和通信技术的快速发展,让人们的生活方式发生了翻天覆地的变化。从传统的信件、BP 机、电话、电视再到网络技术的发展;从纯文字语言信息的传递,到声音语言的传输、过渡再到视频图像技术的广泛使用,人类的生活从平面走向立体,从无声到有声,从狭小走向更加广阔的空间。正是人们意识到语言文字交流的不便与局限性,才会不断追求更加先进快捷的交际方式,建立更加高效的交际渠道,配合声音和动作的交际才会更加真实和形象。从某种程度上来说,从对语言交际的关注,延伸到语言交际与其他交际方式的结合,其中最重要的部分就是非语言交际系统。生活在"地球村"的人类在跨文化非语言交际中,了解交际对象的非语言交际习惯和方式,捕捉相关信息,可以及时调整交际活动内容,避免产生文化冲突和摩擦。

(1)普遍性

非语言交际行为具有普遍性,是人类所共有的动作行为。在跨文化交际中,虽然国家、种族之间有差异,但是任何人都无法回避非语言行为的表达。人有七情六欲,都有恐惧、兴奋、气愤、惊讶、厌恶和悲哀等基本的感情。如卓别林的电影《摩登时代》,在全世界观众中引起了强烈的反响。哑剧作为一种艺术表演形式,不但美国观众能理解,而且中国观众也能会心一笑。通过画面背景和时代背景人们可以理解电影所传达的讽刺意义。哑剧的语言即是非语言行为,这种非语言是世界化的,可以让所有人都能了解演员要诉说的故事。"我爱你"这三个字若是用外语说,并不见得每一个人都懂,但是用眼神再加上一些肢体语言的传达,就一目了然了。你刚到一个陌生的国家,也许不能熟练运用那个地方的语言，但是却可以和当地人进行简单的沟通。这是因为人类的基本非语言行为成为一种"世界语言"，使跨文化交际变得简单了。

（2）模糊性

非语言交际的意义是模糊的。在跨文化交际中，永远也无法确保他人是否能够准确理解自己的非语言行为所表达的含义。一个动作行为在不同的语境下、环境中，可能表示多种含义，在不同的国家、不同的文化中，解读可能千差万别。非语言交流不仅仅是文化的产物，由于个体差异的存在，常常也有例外的情况。全世界的人们都有同样的基本感情，但是在涉及什么事情会引起某一情感，人们在什么地方、以什么方式表达感情，以及如何界定情感等方面，都因文化而异。同时，非语言行为通常是无意识发出的，因此发出的非语言行为往往有模糊不清的特征。比如，随意的一个动作，脸红低下头，这是一种很常见的现象，可能表示一个人害羞、紧张，也可能是因为做了错事，内疚自责。举起胳膊左右挥舞，通常会被理解为这个人在打招呼或者示意。然而，就非语言动作而言，人们不会清楚地了解别人怎么理解或者解读。过于激动或感动时流下了泪水，不清楚状况的人会以为是伤心难过或是受了委屈。因此，非语言交际只有存在于一定的语境中，才能准确地得出它的含义，脱离语境以外的非语言行为具有模糊的特点。

（3）复杂性

人类在漫长的演化过程中，创造了属于自己的文明。民族和种族的区分，除了外貌体格等生理特征，还有在此基础之上所建立的与众不同的民族文化。文化的传承和影响，使得一部分人具有共同的民族文化习惯和非语言行为的表达模式。所以许多非语言行为都是文化潜移默化影响的结果。一种文化当中高雅善意的行为习惯也许在另一种文化中就是低俗恶意的体现。除了文化背景，非语言行为的表达方式还会受到多方面的影响，如社会背景、教育水平、性别、年龄、个人经历以及性格特质等。非语言行为是由人来发出的，人是千千万万的个体，不同的个体会有自己的行为特点、习惯动作、表达方式。非语言行为的表达在一定范围内具有共性，然而因为自身的特点，所习得的情况不同，不同的个体会有很大的差异性。加之非语言行为不是一成不变的，它是动态的、不断变化的，因而非语言交际是复杂、多变的。

第三章　商务英语翻译的基础知识

第一节　商务英语翻译概述

商务英语作为我国在商业发展过程中的参与商业交流的重要的形式之一，其在长期的商业发展中起着非常重要的作用。基于功能视角的存在，商务英语存在的主要功能则是交流，而其交流功能的实现则是依赖于商业活动这一领域。那么，基于这一现实要求分析，从功能视角出发，将功能理论完全应用于商务英语翻译的实现过程中，突出商务英语存在的实用性与适用性，同时又能够保持商务英语翻译的专业性。此外，在保持实用性和专业性的基础上，我国商务英语的翻译要重视对交流活动中的商业文化和社会文化的传承，以此促进商务英语在商业交流活动中实际作用的发挥。

一、商务英语翻译的特点

（一）准确简练

商务英语是在商业活动交流中主要使用的语言工具，不管是基于商务英语自身作为英语翻译的重要组成部分，还是商务英语所主要服务的活动领域，其在翻译的过程中都要明显体现出准确简练的特点。具体而言，准确即为商务英语在翻译的过程中要从大的范围准确到具体单词、句子，不能存在模棱两可的翻译内容，否则将会遗漏掉商务交流活动中的重要信息，翻译内容所出现的歧义错误的现象造成的经济损失是非常大的。简练主要是指商务英语作为一种语言交流工具，其在翻译的过程中遵循简练，能够通过短小精悍的句子将交流双方所要表达的意思传达给对方，切忌长篇大论的翻译，能够通过简短的句子让交流双方明白彼此的意见，促进商务英语交流功能的实现。

（二）专业熟练

商务英语在翻译的过程中一方面要遵循英语翻译的基本原则和掌握英语翻译的技巧，另一方面商务英语翻译的过程中还要熟练地掌握商务英语翻译的特点和行业规范，而且在翻译的过程中还要能够掌握相关联的商业活动所具有的商业文化。在这些综合体现上，商务英语的翻译工作者能够熟练地掌握商务英语中的专业词、缩略词、外来词以及新出的商业词汇。此外，商务英语的主要特点为其长句比较多，而且句子的结构也是比较复杂的，但是多以陈述句为主，所以在翻译的过程中为了将翻译的误差和偏差降到最低，应注意对长句和复杂结构句子的翻译，并能够将商业文化和社会文化恰当地融合在句子的翻译过程中。如现今商务英语中出现频率较多的专业词和缩略词 free loan 应翻译为无息贷款，而 absolute interest 则翻译为绝对产权、绝对权益。

（三）文化承载性

商务英语作为现今国际交流活动的主要交流语种和交流工具之一，在翻译的过程中为了能够让负责翻译的对象理解特定句子及词语的意思及蕴含在背后的商业意义和社会意义，这就要求在翻译的过程中能够将特定的所属国家地区文化和社会文化冗余在翻译的过程中。这样做不仅能够保证商务英语翻译的准确性，而且能够保证商务英语的翻译质量，保证商务英语翻译的专业性。

二、基于功能视角下商务英语翻译的原则

（一）文本完整的原则

商务英语作为向商业活动交流双方传达双方意见的重要的交流工具，从功能理论的角度出发，在翻译的过程中为了能够准确地传达双方的意见，保证将交流双方所要表达的想法毫无保留地传达给彼此，这就需要商务英语翻译者能够遵循文本完整的原则，在全程掌握翻译语境把握语言的全篇意思的前提下，对文本进行通篇的翻译。基于这一要求的存在就需要商务英语翻译者具有较高的专业素质和专业翻译能力，能够将文本的翻译结构合理的调整，将文本的全部意思完整的表现出来。如：Accounts 在不同的文本语境下其所表达的意思不同，有时被翻译为账目，但有时被翻译为会计部门。而具体的需要采取哪种意思，则需要商务翻译者在总揽文本语境的前提下进行具体的翻译工作。

（二）统一规范的原则

商务英语翻译与普通英语翻译最为明显的一个区别则是商务英语在通篇全文翻译的过程中其所使用的翻译词语要使用统一的，而不能在同一个翻译中使用意思相同但表现形式不同的词语，这也就是商务英语翻译时的统一规范原则，而普通英语则可以使用不同的词语进行不停地替换，基于这一原则分析，商务英语在翻译的过程中，其所采纳的统一规范的原则基本上都是由专业的翻译机构或权威的专业翻译者共同约定而形成的，这种规范形成的方式能够最大限度地避免商务英语翻译过程中出现的词语滥用现象。

（三）准确严谨的原则

准确严谨的原则是商务英语翻译过程中最为重要的原则体现，在实际翻译的过程中准确严谨的原则主要体现在商务英语翻译者不能够使用普通英语翻译常常使用的词语或词组，而应该在熟知这些词语或词组专业含义的基础上灵活地进行运用。商务英语的准确严谨性体现在其对于文本中出现的数字和多次出现的重要名词能够进行准确的翻译以此才能从总体上保证英语翻译的功能对等性。如现今在英语翻译中 monopoly 有专利和垄断两个意思，在具体翻译的过程中翻译者不可将其直接翻译为其常用的意思即垄断，这样就会造成很大的歧义，垄断和专利是两个词性截然不同的词语，一旦出现偏差将会对整个文本的翻译形成不利影响。

（四）遵循翻译目的性的原则

商务英语作为一种专业领域使用的、专门使用的交流工具，其在翻译的过程中要严格遵循翻译目的性的原则也是从商务英语存在的功能论的角度出发。其在翻译的过程中，为了能够让双方准确无误地接收到翻译的重点和语言表达的目的，翻译工作者要对整个翻译的过程中在翻译风格的掌握、翻译技巧的运用以及社会文化和商业文化的融合使用下进行具体的翻译工作，这样能够最大限度地保证受众所接受到的是准确的翻译信息。

三、翻译时的注意事项

（一）注意各民族、各国之间文化的差异性

商务英语的交流可以说是不同国家之间的交流。不同的民族、不同的国家之间都拥有着各自的背景、文化和习惯，只有当双方对同一文化有共识的时候才能达成商务交际的目的。因此，对于商务英语的翻译者来说，一定要对他国文化有所认知和了解，注意中西方文化的差异，只有这样才能使得双方更好地进行商务活动，以免产生不良影响。

（二）翻译语言的运用要得体

商务英语涵盖面广泛，包括合同、契约等多种类型，各类型之间传递的信息也有所不同，所以在翻译过程中应该充分认识到各种语篇问题的风格，了解相关行业的规范，根据语言特点做到恰当得体。翻译是否得体还体现在翻译时词汇的运用是否礼貌。

例如：We hope that your claim to us will be resolved as soon as possible.

（希望你方对我们提出的索赔尽快予以解决。）

这种委婉的礼貌性表达能够让对方看到你的诚意，更加让人接受。

（三）翻译的词汇一定要准确

商务英语的翻译不同于普通英语，它关系到双方的合作，更关系到双方的利益。不能

采用普通的口语化翻译，要掌握专业术语，并注意术语在具体语境中的运用是否恰当。有的时候词语的翻译也不是一一对应的，有时候在翻译需要时为了保证句子、语篇更加通顺连贯，往往还会增加或者删减一些词语；有时候根据需要还要注意句中的词类转换和词义的引申。

四、基于功能视角下商务英语翻译的策略

（一）交流策略

功能视角下，商务英语翻译的最为基本的功能同时也是最为重要的功能就是促进双方的交流，通过商务英语的翻译保证双方受众能够准确地明白前者想要表达的意思，进而实现交流的目的。基于这一功能的存在，商务英语在实际翻译的过程中经常会出现语言碰撞的现象，造成这一现象的主要原因在于翻译者不能够将语言运用于特定的翻译环境中，不能准确保证服务于商务英语交流实质的存在与作用的发挥。所以在现今商务英语翻译日益受到重视的情景下，翻译者在实际翻译的过程中应严格遵循促进双方顺利交流的目的实现的功能，而能够恰当地根据翻译文本环境，在精准地翻译整个翻译的句子和词语的前提下，将在文化承载的基础上，做好临场翻译的应变，最大限度地保证商务英语的翻译能够被受众所理解和接受。

（二）学习策略

商务英语翻译主要运用于商业活动中，而现今现代化发展的步伐是非常快的，所以商务英语合格的翻译者的培养及精准的翻译工作的进行需要不断地强化对实际商务活动的有关翻译知识的借鉴和学习，能够在实际活动中促进翻译者商务英语翻译能力的提高，通过实际经验的获得不断提高商务英语翻译的水平，保证翻译质量。

（三）语言沟通能力策略

这一商务英语翻译策略最为主要的还是服务于商务英语的交流功能的实现而延伸的，在实际翻译的过程中商务英语尤其是国际贸易活动基本上都是没有固定文本的，大多是由商务英语专业的翻译者临场实际发挥专业水平完成翻译工作的。这就要求商务英语翻译者应具有良好的语言沟通能力，能够在临场获得翻译文本的情况下，迅速地反映，并将其传授给需要接受语言信息的人士。且在翻译的过程中，基于翻译对商业文化和社会文化的承载，翻译者在融合特定文化、特定翻译场景进行翻译的过程中，要保证其能够很好地应变各种情形的出现，保证自己拥有良好的语言沟通能力，通过句子的融合结构的前后调整，准确翻译语言的色彩和语义。

（四）理解策略

基本上在进行商务英语翻译的过程中，一般都需要专业的翻译者做好专门的准备工作。

在实际进行翻译的过程中，专业翻译工作者要能够对准确材料充分理解，并对准备材料中容易混淆的词语和词组进行明确标识和划分，保证翻译者能够对整个翻译的语言风格、专业术语以及行业习惯能很好地接受和理解，从而为商务英语的翻译奠定主观思维基础。

五、基于功能视角下的商务英语翻译应注意的问题

（一）词语翻译

由于商务英语翻译通常都是存在于商业活动甚至重大的国际贸易中，其涉及比较轻的社会效益和经济效益，这就要求商务英语翻译必须拥有高的精准度。而其较高的精准度保证最为基础性的应该注意商务英语翻译中基础单词词语的翻译。尤其是在商务英语翻译过程中如果出现涉及当下比较尖锐的话题和事物，商务翻译者要注意同样要对尖锐的话题进行准确的翻译，而不能带有任何主观判断的有意无意地忽略。

（二）语句翻译

基于功能视角基础上的商务英语的翻译需要严格遵循语言表达功能对等的理论，这就需要专业的商务英语翻译者能够在掌握文本环境的基础上，准确地翻译出即将进行的交流语言。那么，商务英语翻译者在翻译的过程中要注重对长句子的逻辑结构的掌握，如在进行合同条款的翻译时，能够在熟练合同专业术语的基础上，厘清整个句子的逻辑思维，以此准确无误地表达所要翻译的句子的意思。

（三）篇幅翻译

商务英语翻译在实际翻译的过程中，要在注意翻译词语和翻译句子的过程中，还要注意对整个文本语境和语义的翻译将整个文本所要表达的实际意义准确翻译给受众。基于功能视角基础上的商务英语的翻译要遵循功能对等的理论，翻译者要在注意原文风格的基础上，对原文进行整体的翻译，且应注意保证翻译文章能够保留原文的特征、形式和风格。

综上所述，功能视角下商务英语的翻译应在严格遵循文本完整、统一规范、准确严谨以及目的性的原则下进行实际的翻译工作，这就要求专业的翻译者能够通过交流、学习、理解和沟通能力提高等方面切实提高自身的翻译水平，并且能够注意到翻译中词语句子和篇幅的翻译技巧和特征的把握，从而使商务英语翻译中的准确严谨、专业熟练和文化承载性的特点表现出来。

第二节　商务英语翻译的功能性

随着全球经济一体化的发展，国际商务日益频繁，商务英语翻译在国际经济交往中的重要性日益凸显。本文将从商务英语翻译的功能性分析入手，对商务英语翻译中涉及的相关问题进行重新梳理论述。

一、商务英语的概念及分类

商务英语属于专门用途英语的一支，指在各种不同商务领域中使用的英语，从广义上来讲，商务英语既包括商务英语口语也包括商务英语书面语（即商务英语文本）。商务英语口语主要应用于商务会议、电话、接待、谈判、演讲、营销等活动中。书面的商务文本包括：商业新闻、商标、商品目录册、产品手册、商业广告、商务信函、企业宣传材料、商务合同、法律文件，还包括商务备忘录、会议纪要、商业声明以及所有相关的商务文件、报表等。

二、商务英语文本的功能性

德国功能翻译理论以"译文功能"为中心，提出译者在整个翻译过程中应注重译文在译语语言环境中所预期达到的目的和交际功能。商务英语文本种类繁多，翻译面广、量大，因此，为了达到预期的翻译目的，就必须对商务文本的类型以及文本功能进行分析。

（一）商务英语的文本类型

在此，笔者借用德国功能翻译理论的代表人物赖斯的文本类型模式来分析商务文本类型及其相对应的语言功能：

1. "以内容为主的"或"信息型的"文本

此类文本只注重对事物的客观描述和语言的逻辑，其主要作用是交流信息、知识和意见，包括新闻报道和评论、商业信件、商品目录、产品使用手册、专利证书、条约、文件、报告、论文、科技文献，以及各种非文学性的文章、书籍等。

2. "以形式为主的"或"表达型的"文本

指创作性写作，注重用语言的适当形式（如词汇、句法，甚至音韵）来表达作者的情感和语言的美学功能。包括各类文学体裁，如散文、自传、小说、诗歌等。

3．"以诉请为主的"或"施为型的"文本

注重其最后的效果，重点是呼吁、说服、劝阻、欺骗文本读者或接受者采取某种行动，如广告、宣传等。

（二）商务英语的文本功能

由以上文本类型模式可以看出，商务英语文本大都属于第一和第三类型，因此，我们可以将商务英语文本的功能归纳为以下两点：

1．信息功能

信息功能是商务英语的基本功能之一，无论是商务信函、经济合同、商业单证、产品说明书，还是经济案例的申诉、仲裁、判决，其主要功能就是向相关人士提供各种信息并且帮助他们进行更好的交流，解决问题。总之，信息性功能是商务文本的首要功能，即使那些以诉请为主的商务文本也是通过向受众传递信息而实现其目的的。

2．诉求功能

商务英语的另一个功能特征是它的诉求功能，这类文本往往具有某种与文本受众"对话"的性质。商标、商业广告、企业宣传材料等都属于这一类型，它们的主要目的在于向大众宣传商品、服务或商业理念，从而使大众对该商品、服务或者企业感兴趣，进而采取进一步的行动（如购买商品）。

在翻译实践中，一个文本可能同时具有多种功能，如：商务广告的主要功能是诉请，但是同时兼具信息功能和美学表达功能；商业报告是信息文本，但当它向大众公布的时候，实际上是被用作宣传材料劝说大众采取行动，如购买其股票、产品或服务。

三、商务英语翻译策略

商务文本具有其特殊的功能性特征，如何在译入语文本中实现商务英语文本的功能，达到商务英语翻译的目的是衡量商务英语翻译质量的重要标准。具体来讲，商务英语翻译过程可以遵循以下几个步骤：

（一）确立翻译原则

1．忠实性原则

忠实性原则首先指忠实地将源语言传达的信息用译文语言表述出来，实现信息等值，而在翻译过程中不刻意追求语法或词汇与句子结构方面与源语言表达得完全一致。此外，商务翻译涉及贸易、合同、保险、投资、货运、金融等领域，商务体裁的文章、资料无论从措辞、结构及行文方式上都格外严谨和正式。对于这种情况，译者应忠实于源语文本的语言规范和行文规范。

2．准确性原则

准确性原则指译者选词要准确，概念表达要确切，数字与单位要精确。商务英语翻译涉及众多的领域，其中包括大量专业词汇，具有商务含义的普通词和复合词，以及缩略词等。因此，在翻译时应特别注意这些词汇在不同领域、不同语境中的特定含义，做到译语言文本既准确又专业。

3．统一性原则

统一性原则主要指在商务英语的翻译过程中，对一些惯例的译法要遵循并保持统一。尤其当这些译文经过实践及时间的检验证明已被世人接受并广为使用时，不宜再根据个人的理解和习惯推陈出新，以免产生混乱甚至造成误解。统一性原则一方面体现在对专有名称的翻译上，另一方面还体现在商务文本格式的使用上。

（二）制定翻译提纲

翻译提纲的制定在商务英语翻译中至关重要，而在以往的翻译研究中常常被忽视。这里提到的翻译提纲是指实际动笔翻译之前所做的具体的、实际的准备性工作。主要包括以下几项工作：

1．确定翻译目的

基于以上商务英语文本功能的分析，商务英语翻译的目的是实现源语言文本在目标语文本中的语言功能，或者说，商务英语翻译多是"等功能翻译"。商务文本强调不同的语言功能，如果源语言文本是信息性的，那么译语文本也是信息性的，如果源语言文本是诉求性的，那么目标文本也是诉求性的。

2．源语文本分析

源文分析包括泛读和精读，泛读可获得其大意，精读可以了解词汇、句法以及篇章不同层次的文体特征。对源语文本的分析有两个目的：首先，弄清楚内容是什么；其次，从译者的角度分析其意图和写作方式，以便选择合适的翻译方法。

3．目标文本分析

在源语文本分析的基础上，就可以确定目标文本的具体特征，以及分析源语文本和目标文本之间有何差异，如何弥合两者之间的差异，这种差异既指文体差异又指两者之间的文化差异。对目标文本的分析是为了充分实现源语功能。

经过以上几个步骤，译者就可以进入实际的翻译工作了，并且在翻译过程中选择使用具体的翻译方法。

（三）选择翻译方法

1．直译法

直译法指翻译基本保持源语的句法结构和修辞特点。在商务英语翻译中适用于句法结构简单、意思表示清晰的商务材料翻译，当此类材料被直译成另一种语言时，译文能够很好地传递源语的表层意思和深层意义。对商标的翻译就可采用直译法。此外，当直译法能够解决翻译问题，实现翻译目的时，那么就应首先选择直译法。

2. 意译法

由于语言之间的差异性，直译容易引起误解，不能成功传达信息时，就可以采用意译法。意译法不拘泥于源语的句法结构，而是注重源语信息的传递，在翻译过程中使用的手段非常灵活，从词汇层面的词类转译法、加词法、减词法到句法层面的倒装法、插入法、分译法、合译法，再到特殊商务文本的音译法、创造性译法等，这些都属于意译的范畴，意译法被广泛应用在各种商务文体的翻译中。意译法还用于翻译商务缩略语，如：C.I.F.(cost，insurance and freight)，译为到岸价，F.O.B.(free on board)，译为离岸价，F.P.A.(free from particular average)，译为平安险等。

由以上论述可以看出，翻译作为一门技巧性学科，其具有多种方法，翻译方法的选用并不是单一不变的，而是要根据不同的场合以及所处的不同语境来灵活地运用某一种翻译方法，或者将几种方法叠加，但是无论使用怎样的技巧、怎样的方法，始终是以实现商务英语的文体功能为目的。

第三节　商务英语翻译的准确性

随着国际商务的空前繁荣，商务英语在国际交流中起着越来越重要的作用，商务英语是一种包含各种商务活动内容、满足商业需要的标准英文。它包括各种涉外合同、协议、公函、书信、通知、电报、演讲等。对于涉外商务工作人员、涉外企业管理人员和涉外翻译工作者来说，熟悉商务英语相关专业知识，掌握商务英语语言特点，遵循准确严谨、规范统一的翻译原则，是应当具备的必要条件。

一、商务英语的语言特点

（一）商务英语词汇及其内容具有很强的专业性

商务英语在词汇使用上的最大特点是对专业词汇的精确运用，其中包含大量专业词汇、具备商务含义的普通词或复合词，以及缩略词等。如价格常用术语 FOB、CIF 有其特定的专业内容。FOB(free on board)，离岸价格；船上交货价，指卖方在产地交货而由买方负责运费的交易方式；CIF(cost，insurance and freight)，成本、保险费加运费的到岸价格，指卖方负责运费、保险费的交易方式。其他如：C.W.O(cash with order)，订货付款；B/L(bill of lading)，提货单；L/C(letter of credit)，信用证；C.O.D.(cash on delivery)，货到付现；

W.P.A（with particular average），水渍险（指在保险业务中由于海上事故所导致的部分损失）；blue chip，蓝筹股，绩优股；bad debt，呆账（即无法收回的应收款项）；affirm offer，实盘等。不了解这些专业术语，就无法做好此类商务英语的翻译。

（二）商务英语词句简洁明快

主要表现在商务信函中多使用简洁句、简短并列句和简短复合句。

例如：We are delighted to receive your letter of November 18 asking whether we can supply you with Art.No.6120.。

（很高兴收到你方 11 月 28 日来函询问我方可否供应 6120 货号商品。）

简洁明快还表现为在商务信函中使用大量的缩写词，当然这些缩写词都是约定俗成、双方认可的。如：A/C（account），译为账户；ENCL（enclosure），译为内附；FYI（for your information），译为供你方参考；I.R.O.（in respect of），译为关于等。

（三）一词多义现象普遍

商务英语中，一词多义的现象非常普遍，一般说来，如果一个名词有多种意义时，往往是分别适用于不同的领域和专业，是该领域或行业的行话和专业术语，因此在我们进行翻译时为了确保译文的准确，一定要了解某个词特定的专业意义，了解该专业的相关知识，毕竟专业术语是用来正确表达科学概念的词，排斥多义性和歧义性，例如：

（1）They are US $ 1 each，but if your order exceeds 1000 pieces，we will give you a 10% discount.

（它们的单价为 1 美元，若订货超过 1000 件，我方将给予你公司九折折扣。）

（2）The exporter may take the accepted bill to a discount bank before the maturity if he is in urgent need of the amount of money.

（出口商如果急需这笔钱，他可以把这个承兑了的汇票去贴现银行贴现。）

（3）Exchange dealers only work with these differences，i.e. with premium and discount，expressed in decimal points，between the spot and forward prices.

（外汇经纪人只赚取这些差额，即利用即期汇率与远期汇率之间的差价，以小数点表示贴水和升水。）

上述三句中都有 discount，但分别表达不同专业中不同的含义：外贸业务中的"折扣"，银行业务中的"贴现"，外汇业务中的"贴水"。

（四）不断发展变化

商务英语与当今的政治、经济、文化和科技活动密切相关，并随着时代的发展而发展。许多反映政治经济的新词汇层出不穷。例如："Internet（互联网）"，是随着全球信息技术发展而出现的新词。类似的词还有"online marketing（网上营销）""y2k（千年虫）""e-business

（电子商务）"等。

还有一些新词是通过原有的词汇经不同的语义搭配而产生的。例如："venture capital（风险投资）"这个词是近年来从国外"引进"的，含义是人们对前景看好的产业或冒险创新事业给予一定的资本支持。由于这类产业投资有一定的风险，所以称为"风险投资"；此外，这些产业多来自刚刚起步、鲜为人知的企业（start-ups），所以又称为"创业基金"。

二、商务英语翻译策略

（一）熟悉商务英语相关专业知识

商务英语翻译和普通英语翻译有很大的区别，普通英语翻译只要精通源语语言、译语语言，以及源语文化、译语文化，再具备熟练的翻译技巧，译者的翻译可能会是比较成功的；而商务英语翻译比普通英语翻译要复杂得多，因为译者除了要精通两种语言文化，以及翻译技巧外，还必须熟悉商务方面的知识。如仅国际贸易合同协议的翻译，涉及面就很广，除合同协议本身涉及的专业技术知识外，还要涉及国际贸易、国际汇兑、会计学、运输学、保险学、法学及国际商法等专业知识。因此，要搞好这类内容的翻译，就要求涉外人员不仅应具有相应的专业知识，而且要了解商务领域的语言特点和表达法。

（二）商务英语翻译选词应具有准确性

商务应用文书在选词上大量运用专用词语和数量词，因此准确性是翻译商务英语的第一要求。这里讲的"准确"不是讲只满足于字面上的一致，而是从词义、专业上去深刻理解原文的含义，使原文准确无误地表达出来。例如：

We shall credit your ... account with ... bank on receipt of your authenticated wire confirming all the terms and conditions of the credit have been complied with.

要译好这段文字，首先要理解这段文字是属于信用证中的一个条款；其次还要理解其中的专业词汇的含义：（1）credit one's account；（2）authenticated wire；（3）terms and conditions of the credit；（4）have been complied with。（1）中的 credit 是动词，是"贷记"的意思；（3）中的 credit 是名词，是"信用证"的意思；（2）中的 wire 是 cable "电报"的意思，authenticated 是指通过"电报密押（telegraphic test key）"核对的，一般译为"加押电报"（在国际银行间往来业务中，凡用电报或电传等发送的电文都须"加押"确认）;（4）表示"依从"或"与……相符合"。如果不理解其原文词汇的内涵，译出来的译文就会令人费解，就会影响表达效果，失去其译文的准确性、规范性。可将原文译为：一收到你行加押电报证实与信用证全部条款相符，我行将贷记你行在……银行的……账户。

（三）术语翻译应符合商业惯例

商务英语是专门用途英语变体，在遣词造句方面，商务英语较多使用商务英语专业术语（business terminology）、缩略语（abbreviations）、合并词（combinations），如 L/C、FOB、W.P.A.、Blading 等，这些商务术语，特别是言简意赅的缩略语或合并词，可避免冗长的解释，提高工作效率，但是，在商务英汉翻译中，由于不了解商务英语的这种特点与要求，或因为没有掌握国际经贸知识，翻译就可能出现所选术语或用词不符合商业惯例或者不恰当的问题。例如：dirty Bill of Lading（不结提单）被译成不合规范的"不洁提单"；flat price（统一价格）被译成不恰当的"平价"。再如："Next, the participation agreements are negotiated and agreed, they are signed and certified by a lawyer."译为"然后，双方就风险投资公司参与企业管理的问题进行磋商，如果达成共识，就会在协议上签字，并由一名律师公证"，律师不能进行公证，只能见证合同的签署，公证是公证员的事，所以正确的翻译应该是"见证"。

（四）了解文化差异，有敏锐的文化嗅觉

我们常常会发现，表达同样意义的词汇，在不同的语言中可能会有不同的内涵，从而给不同文化背景的人们留下不同的感受，如：上海生产的"大白兔"奶糖因其质量上乘，深受消费者的欢迎，"白兔"在我们看来是一种可爱的动物，但如果把它译成"White Rabbit"并销往澳大利亚，也许销量不会那么如人意，因为在澳大利亚大量野兔四处掘洞，破坏草原并与牛羊争食，影响其畜牧业的发展，人们厌恶"兔子"这种动物，所以也不会喜欢以此为商标的商品。这样的例子很多，尤其是一些动植物的名称词，以及数字和颜色词等，在英译与这些词相关的商标时，务必小心谨慎，以避免因词义褒贬的变化造成所译成的英文商标不受欢迎，影响商品的销售。

这种文化差异在广告翻译中也是不容忽视的，例如：很多汉语广告中，特别是在许多食品广告中，为了突出其受众的广泛性，常常强调"老少皆宜"，如果它被译为"suitable for both the old and the young"，是不恰当的，它忽视了"老"在西方文化中的忌讳性。不妨看看一些英语广告中的表达：

"efficacious for grown-ups and children"（Leephick 花旗参茶）

"the most convenient and effective health drink and refreshment for both sexes of all ages and in all seasons"（鹰牌花旗参茶）

"convenient for ensuring healthy nourishment for growing children and the whole family"（Dumex 奶粉）

这不但要求译者思维灵活，知识丰富，善于联想，更要求译者有敏锐的文化嗅觉，涉及出口商品的翻译更是如此，只有这样，才能译出正确的品名、精美的商标、诱人的广告，才能把我国更多的商品推向国际市场，使我国的经济更快更广地融入世界经济中去。

（五）始终遵循商务英语翻译原则

译者在翻译过程中要始终遵循"准确严谨"的原则。选词要准确，概念表达要确切，物与名所指要正确，数码与单位要精确。这里的"准确"不只是限于字面上的一致，而是从词义和专业上去深刻地理解原文的含义，达到准确无误，译文所传递的信息与原文所传递的信息保持一致。商务翻译与贸易、合同、保险、投资、货运、金融等领域的文字相联系，所涉及内容严肃而具体，对译者在翻译时的准确性提出了极高的要求。

第四章 商务英语翻译理论与翻译技巧

第一节 商务英语翻译理论

一、商务英语翻译的流派与理论

商务英语在翻译的过程中并不是凭借译者的主观思维随意进行翻译的，而是需要一定的理论作为指导。下面分别对能够指导商务英语翻译的流派与理论进行介绍。

（一）商务英语翻译的流派

在对翻译进行研究的过程中，不同的学者由于观点不同，形成了不同的学派。对这些翻译流派的了解对于商务英语的翻译有着重要的借鉴作用。

1. 语文学派

语文学派是西方最早出现的翻译学派。这个学派主张翻译是一门艺术，因此将翻译作为原作者使用译入语进行的再创造，研究方法主要是语文的。语文学派认为译文要和原文一样带给读者美的享受，翻译过程中应该注意译文的神韵，不应该死译、强译，要保持译文的美学效应。

语文学派在发展过程中比较著名的代表人物有德莱顿（John Dryden）、泰特勒（Alexander Fraser Tytler）和塞弗瑞（Theodore Savory）等。

德莱顿是十七世纪著名的翻译理论家，他主张翻译应该以原文和原作者作为着眼点，尊重原作的思想，最大限度地使用译入语对原文进行表现。同时，德莱顿对翻译的另一大贡献在于其提出了翻译的三大类别：逐字翻译、意译和拟作。这种分类方法打破了当时二分法的束缚，对西方翻译理论史的发展有重要的推动作用。

泰特勒是西方语文学派的另一代表人物，在其著作《论翻译原则》中指出，"对译者来说，在忠实和谨慎以外，也没有其他要求。但既然不得不承认语言的特性不同，于是一般人都普遍认为，译者的职责只是洞悉原文的意义和精髓，透彻了解原文作者的思想，以及用他认为最适当的文字传达出来"。由此，泰特勒提出了西方翻译中重要的三原则。

塞弗瑞对西方语文学派的贡献在于其提出了著名的六对翻译原则。

从总体上说，西方语文学派在研究过程中主要关注译文的忠实性。同时，认为原文对译文有一定的主导作用，因此翻译时应该时刻以原文为标准，最大限度地追求原文和译文的契合性。

但是需要指出，语文学派过分重视原文对译文的指导作用，在一定程度上限制了译文创造性的发挥。

2. 阐释学派

由于个人思维方式的差异、语言使用习惯以及认识世界角度的不同，在翻译实践过程中，对于语言的理解层面也带有差异性。在这种情况下，作为研究意义的一门学科——阐释学应运而生。

阐释学在研究过程中主要关注的是语义，也就是要探索理解与解释之间的本质。在理解与解释过程中，文本和解释者是必不可少的两大因素，因此在研究过程中，最根本的任务是探索文本和解释者的本质特征。由于对理解与解释过程中两大因素本质特征的认识不同，阐释学派分为客观阐释学派和主观阐释学派。

客观阐释学派认为，阐释学的主要任务是使读者能够把握原文作者的意图，从而避免出现在阅读过程中的理解失误。学者赫施（Hirsch）认为，应该尊重原文作者的意图，将原文看作是"最合理的解释标准"。他认为，作者的中心思想是对文本理解正确与否的关键。因此，在翻译过程中，应该重视对原文中心思想的关注。主观阐释学派主要以哲学阐释学和接受美学为理论基础。

阐释学派对翻译也有所关注，并对翻译的发展有积极的促进作用。很多翻译学家对阐释翻译有独特的看法。

英国的神学家汉弗雷提出了"翻译即解释"的命题，这种观点在一定程度上受到了阐释学观点的影响。翻译学研究过程中出现了很多著名的阐释学家，如海德格尔，他的观点引起了很多学者的关注。

阐释学派在翻译研究过程中十分重视阐释学和接受美学，主要是因为以下两个方面：一是翻译研究的成果能够为阐释学和接受美学提供充分而有力的例证，二是阐释学和接受美学可以为翻译研究提供丰富的理论依据。

从整体上看，阐释学派对翻译的贡献主要体现在以下几个方面。

（1）翻译阐释学派认为，译者在翻译过程中是信息的接收者，是处于主体性的地位。

（2）在翻译过程中应该重视读者的感受，应该以读者的反映为参照物。

（3）对翻译的本质进行研究。

（4）通过阐释学和接受美学的相关原理，对翻译实践中的具体问题进行分析。

（5）传统的翻译学理论认为译文要忠实于原作，而阐释学派的翻译对此表示质疑，因此在一定程度上触动了传统翻译的观点。

3. 语言学派

二十世纪中叶，翻译语言学派产生。著名语言学家雅各布逊在 1959 年发表的《论翻译的语言学问题》中，从语言学角度对语言和翻译的关系、翻译的重要作用、翻译中存在的问题进行了论述，从而为语言学派的翻译研究做出了开创性贡献。

尤金·奈达是语言学派的重要代表人物，他提出了"翻译的科学"这一重要概念。在语言学研究的基础上，将信息论应用到翻译研究过程中，并提出了著名的"动态对等"和"功能对等"翻译原则。

纽马克在前人研究的基础上，提出了交际翻译与语义翻译的方法，对翻译研究的发展有着重要的影响作用。

卡特福德也是这一时期的重要代表人物，其对翻译进行了不同层次的描写研究，并认为翻译是"用一种等值的语言文本材料去替换另一种语言的文本材料"。他指出，"对等"是翻译研究和实践中的关键问题。

通过对语言学派翻译家不同观点的介绍可以看出，这个时期的学者关注的核心问题是语言转换过程中的变化规律，也就是"对等"问题。

但是由于过分追求对等，翻译在一定程度上成为语言学研究的附庸，无法真正体现出其科学价值。因此，很多学者在研究过程中开始从翻译的目的着手，对翻译进行研究。

从整体上说，翻译学中的语言学派主要从对等、功能、认知的角度进行翻译研究，通过使用语言学中的重要理论，如功能理论、认知理论、转换生成理论，对翻译的系统性和规范性有一定的指导作用。同时，语言学派的翻译研究涉及语言的不同层面，并关注到翻译中的功能与认知等因素，因此增加了翻译研究的系统性，是西方翻译理论发展的重要时期。

4. 目的学派

翻译目的学派主要强调翻译行为的目的性，认为翻译目的决定了翻译过程和翻译策略的使用。这种观点在一定程度上能够提高译者的主动性。

翻译目的学派从二十世纪七十年代以来是德国最具影响力的翻译学派，同时对世界翻译理论的发展也有重要贡献，代表人物有凯瑟林娜·赖斯（Katharina Reiss）、汉斯·威密尔（Hans J.Vemeer）、贾斯塔·赫兹·曼塔利（Justa Holz Manttari）和克里斯蒂娜·诺德（Christiane Nord）。

从一般意义上说，翻译目的指的是译文的交际目的。也就是说，译者在翻译过程中应该首先考虑译文的功能特征，而不应该只是严格遵循对等原则进行翻译。翻译目的学派主张翻译应该具有行为性和文本加工性。这种行为性主要体现在对不同语言转换而进行的复杂设计与构思。翻译的加工性主张不应该将原文作为翻译的唯一标准，原文的作用是为译者提供翻译需要的各类信息。译者在翻译中的任务不再是进行严格对等的语言之间的转换，而应该是从原文中提炼出符合翻译目的的信息进行翻译。

翻译目的学派重视译文在译入语中的接受程度和交际功能，强调译者在翻译过程中应首先考虑译文的功能特征，而不是对等原则，在一定程度上解放了传统翻译观点中以原文为硬性标准的翻译传统，为翻译带来了全新的视角，有利于翻译理论与翻译变体的发展，同时也提高了译者的主动性与积极性。但是，目的学派过分夸张读者的主体性，否定了作者的主体性，其观点带有一定的主观性，未免有些极端，因此我们应该客观认识它，不能主观臆断。

5. 文化学派

翻译中的文化学派主要以 1972 年霍尔姆斯发表的《翻译研究的明与实》为开端。在这个时期，很多学者主要从文化层面对翻译进行研究。在研究过程中，文化学派的翻译研究力图打破文学翻译中的禁锢，试图在综合理论的指导下进行文学翻译研究。

霍尔姆斯对翻译中的文化学派的发展做出了突出贡献。他首次将翻译作为一门学科的形式进行研究，并且对翻译学科的内容进行了详细描述。他认为，翻译学应该分为纯翻译学和应用翻译学。纯翻译学主要包括描写翻译研究和翻译理论研究。应用翻译学主要包括译者培训、翻译辅助手段、翻译批评，这一框架为翻译研究奠定了重要基础。

二十世纪八十年代末、九十年代初，西方的翻译研究开始转向文化层面，并积极使用文化理论对翻译进行新的阐释，主要理论有解构主义翻译理论、女性翻译理论、后殖民主义理论。翻译中文化学派的出现是文化发展的必然，其对促进翻译研究的活力与应用性发挥着重要作用。

6. 解构学派

十九世纪六十年代后期，解构主义学派出现于法国。这种翻译理论是对传统翻译理论的质疑，通过哲学问题、怀疑的态度去审视翻译理论与标准。

解构学派的代表人物为沃尔特·本雅明（Walter Benjamin）、雅克德·里达（Jacques Derrida）、麦克·福柯（Michel Foucault）等。这些学者将解构主义的思潮带入翻译研究过程，并通过怀疑与批评的态度对翻译理论的问题进行探究。因此可以说，解构主义的出现为翻译研究带来了全新的视角与研究方向。

解构学派的代表人物沃尔特·本雅明提出，翻译中译文和原文没有忠实可言。他主张译文并不是去再现原文的含义，而应该是对原文的补充与延伸。

雅克·德里达认为，翻译的过程是不断对原文进行"延异"和"播撒"的过程，译文虽然可以接近原文，但是却不能等同于原文，这主要是因为意义带有不确定性。因此，译文的中心是无法被完全体现出的，译文只是对原文的重新理解与创造，对原文没有忠实可言。译者在翻译过程中应该对原文的观点进行解构，从而使译文具有延续和创新性。

解构主义的观点是对传统翻译观点的颠覆，这种逆向的思维模式为翻译研究带来了新方向。但需要注意的是，解构并不是翻译的目的，而只是翻译的手段，不能完全取代传统的翻译理论。解构学派的观点能够对传统翻译观点进行改进，目的是更好地指导翻译工作，因此对其理解不能本末倒置。另外，商务英语翻译也是翻译的重要组成部分，这些翻译流派的观点对指导商务英语翻译有重要作用。

（二）商务英语翻译的理论

1. 目的论

在功能翻译理论中，目的论（skopos theory）是其最重要的理论之一。学者杨晓蓉曾经指出，目的论是"西方翻译理论中的一支劲旅"，可见其对翻译理论的重要贡献。

目的论以目的为总则，将翻译的研究放到行为理论和跨文化交际的框架中，这种研究方式为翻译理论的发展开辟了一条新道路。目的论的两条重要原则是语篇内连贯和语篇间连贯。

语篇内连贯（intratextual coherence）认为，译文必须符合逻辑表达习惯和译入语语言习惯，从而能够让读者顺利理解并传递出相关语用信息。

语篇间连贯（intertextual coherence）认为，译文要忠实于原文，不违背原文含义。原文和译文间要保持一定联系性。语篇间的连贯程度受译文使用目的和读者理解程度的影响。

目的论强调：译文的预期目的决定翻译的方法和策略。在翻译过程中，应遵循目的原则（skopos rule）、连贯原则（coherence rule）和忠实原则（fidelity rule）。目的论将翻译所要达到的目的概括为译者的目的、译文的交际目的和使用某种翻译手段所要达到的目的三种，交际目的决定和影响着其他两个目的。因此，目的论对商务英语翻译标准的确定影响很大，并有重要的指导意义。例如：

这笔买卖最后一刻黄了。

The deal fell through at the last minute.

通过对原文和译文的对比，可以发现原文中翻译的重点词汇为"黄了"一词。在我国古代，店铺开张为了图吉利会在门口贴大红纸，象征着"红红火火"。但是当店铺经营不善而无法维持时，就会在门口贴上黄纸，表示"关门大吉"。因此在我国的语言表达中，为了避免使用"关门"这种不吉利的字眼，人们会使用"黄了"来隐晦地表达出生意失败的含义。

这种表达在商务活动中经常可以遇见，需要译者提高警惕，重视不同文化背景对语言使用习惯的影响，以目的论的相关原则为指导，进行科学、有效的翻译。

2. 顺应论

顺应论（theory of adaptation）主张，语言具有商讨性、变异性和顺应性，语言在使用过程中会不断进行有意识或无意识的选择活动。因此，对语言中的顺应情况，应该进行灵活的翻译。语言使用要在四个方面顺应：语境关系顺应、语言结构顺应、顺应的动态性和顺应过程的意识程度。

（1）语境关系顺应的翻译。顺应论认为，交际双方在语言使用的过程中不断激活的语境因素和一些客观存在的事物动态会随着交际过程的变化而变化。交际语境和语言语境的变化对交际的影响十分重要，因此在具体的商务英语翻译过程中，译者需要对中西方的语言特点和语言使用环境进行了解，从而提高译文的质量。语境关系在具体的翻译实践中表现为语篇衔接、互文性和线性序列等。

（2）语言结构顺应的翻译。语言结构顺应是指对语言结构和构成原则的选择。在语言语境的制约下，语言结构顺应涉及语言、语码、语体、话语构建成分和原则的选择；在交际语境的制约下，语言结构顺应涉及说话人的文化背景、意识形态、政治立场、语言策略等。因此，在具体的商务英语翻译过程中，译者不仅需要注意交际者使用的语音语调、词素词汇、分句主句、命题等语言结构层次，还要使译文的论述主题、逻辑关系、文体风格等与原文和谐一致。

（3）顺应动态性的翻译。顺应论认为，意义是语言结构经交际者的选择在语境中动态生成的，是语言结构、语用策略等动态顺应的产物。影响顺应动态性的因素主要有语境维度、时间维度、话语结构维度。因此，在商务英语翻译过程中，译者需要注意语言顺应的动态性，进行灵活的翻译活动。

（4）顺应意识突显性的翻译。顺应意识突显是指语言使用者在语言使用中的元语用意识突显程度，体现在言语交际过程中意识程度的差异上。这是因为，交际中人们有时是有意识、有目的地选择语言，而有时却是无意识、不自觉地选择语言。意识突显程度的差异体现在心理和社会两个方面，翻译时可采用不同的翻译策略使译文更好地顺应目的语文化，突显原文意义。

3. 功能对等理论

美国翻译理论家尤金·奈达（Eugene A.Nida，1969）认为，所谓翻译，是指从语义到文体在译语中用最贴近而最自然的对等语再现源语的信息。这是国外比较有代表性的翻译定义。

功能对等理论是奈达对翻译研究的一大贡献，主要包括形式对等和动态对等两个方面。奈达认为，由于语言之间的差异性，完全形式对等的翻译是很少见的，动态对等是一种最接近源语信息的翻译方式。在动态对等的研究上，奈达认为通过对译文读者与原文读者之间的反应进行对比，能够评判译文的质量。关于翻译的实质，他认为"翻译的实质就是再现信息"，判断译作是否正确，必须以译文的服务对象为衡量标准。奈达主张"衡量翻译质量的标准，不仅仅在于所译的词语能否被理解，句子是否合乎语法规范，而在于整个译文使读者产生什么样的反应"。因此，奈达主张译出不同的供选择的译文，让读者检验译文是否明白、易懂，一个好的译者总是要考虑对同一句话或一段文章的各种不同的译法。总之，奈达将读者因素纳入翻译研究，对翻译研究的影响重大。

奈达的功能对等理论对商务英语翻译有着重要影响。根据这个理论，译者在翻译过程中应该注意译文在译入语读者中的接受程度，从而对自己的译文进行完善，最终以适应译入语读者的表达，在最大程度上呈现原商务英语的内涵。

二、商务英语翻译的标准与原则

商务英语翻译是一种科学性翻译，在翻译的过程中需要注意翻译原则和翻译标准，只有这样才能提高译文的准确性和适宜性。

（一）商务英语翻译的标准

中西方学者对翻译重点和方向的把握不同，因此形成了不同的翻译理论和观点。商务英语翻译是翻译理论中的重要分支，译者有必要熟知和掌握这些翻译理论，从而扩大自己的翻译视野。

中西方不同的翻译标准对译者的思维模式提出了不同的要求，要求译者要同时具备中英两种语言思维模式，在具体的翻译过程中进行两种思维模式的转换。

思维模式影响语言的使用，译者需要在理解的基础上对原文进行创造，从而使译文更加符合译入语的语言使用规范。商务活动带有很强的实用性和灵活性，这对译者的素质有着很高的要求。对这些理论的介绍能够使译者在具体的商务英语翻译实践过程中注重检查自己译文的质量，以提高译文的准确性。

但需要强调的一点是，翻译是一门实践性学科，理论的介绍仅仅能够指导译者的工作。翻译技能的提高还需要译者进行大量训练，商务英语翻译尤其如此。下面针对商务英语翻译，对其适用的翻译标准进行简单总结。

对于翻译的标准，国内外的学术界没有统一的定论。商务英语翻译是翻译理论的重要分支之一，其标准的确定也应该在总体翻译标准的范畴内。下面对中外学者的翻译标准研究进行总结，进而指导具体的商务英语翻译工作。

1.中国翻译标准的研究

我国的文字翻译由来已久，从 2500 多年前便开始了。在漫长的翻译研究过程中，我国很多学者对翻译的标准都有着自己独到的见解。了解和掌握这些翻译标准，无论对从事商务翻译的工作者还是读者而言，都具有重要的指导意义。

（1）严复的翻译标准。严复是清末著名的资产阶级启蒙思想家、教育家和翻译家，对我国的历史和翻译研究有着重要的贡献。

在翻译理论发展的历史上，严复的理论有着重要的影响作用。他通过汲取古代佛经翻译理论的精髓，结合实践经验，提出了著名的翻译三标准——信、达、雅。

"信"要求译文要忠实于原文，要想忠实于原文，译者就必须恰当地将原文翻译出来。

"达"要求译文通顺、畅达，具体来说就是要求译文符合目的语的语法规则以及表达习惯，无语病、字句通顺。

"雅"要求译文的词句要精美，要用"汉以前字法句法"来翻译。

严复认为，"用汉以前字法句法，则求达易；用近世利俗文字，则求达难"。然而，使用汉以前的词句不仅仅着眼于语言、风格，还要首先满足"信"和"达"的标准。

严复的翻译三标准对商务英语翻译也有着重要的影响作用。在商务英语翻译实践过程中，"信"要求译文要忠实原文，"达"要求译文要顺畅，"雅"要求译文要符合具体的商务环境和语言使用环境。商务活动讲求效率，严复的三标准可以严格要求译者的翻译工作，因此有着重要的意义。

（2）梁启超的翻译标准。梁启超是我国著名的思想家和文学家，他的长篇巨著《变法通议》中第七章是《论译书》。他在书中指出了译书的两个弊端，"一曰徇华文而失西义，二曰徇西文而梗华读"，即一是由于遵循汉语的表达习惯而失去了原文的文化内涵，二是由于遵循英语的表达习惯而造成汉语译文的晦涩难懂。

梁启超在《论译书》中指出，"自鸠摩罗什、实叉难陀皆深通华文，不著笔受。玄奘之译《瑜伽师地论》等，先游身毒，学其语，受其义，归而记忆其所得从而笔之。言译者，当以此义为最上"。这段话的含义是：鸠摩罗什和玄奘等都精通汉语和梵文，能够了解原文含义，因此翻译时无须多加润饰，只需记下来直接译成汉语即可，这是翻译的最佳方法，也值得其他译者效仿。

梁启超还指出，"凡译书者，将使人深知其意，苟其意靡失，虽取其文而删增之，颠倒之，未为害也。然必译者之所学与著书者之所学相去不远，乃可以语于是"，其含义是：翻译书籍务必要让读者深刻了解原文含义，如果原文含义有所靡失，只保留原文部分含义或增减原文内容、颠倒原文顺序等都是有害的。另外，译者的学识专业水平必须和原作者接近，这样才能翻译出质量上乘的作品。

梁启超的翻译理论对商务英语翻译也有着重要的借鉴作用，启示译者要多关注商务领域的专业知识。译者的翻译并不是单纯地对两种语言进行转换，还需要具有一定的商务知识，才能正确理解商务活动双方的交际意图和交际话语。当译者的商务专业水平大致与交际双方接近时，才能有效保证译文的正确性和得体性。

（3）鲁迅的翻译标准。鲁迅是中国著名的思想家、革命家、文学家、评论家，其翻译思想主要表现在以下几个方面。

① 翻译的目的。鲁迅认为，翻译的目的有二：为革命服务和供大家参考。鲁迅在《"硬译"与"文学的阶级性"》一文中曾论及"为什么而译"这一问题，"我的回答是：为了我自己，和几个以无产文学批评家自居的人，和一部分不图'爽快'，不怕艰难，多少要明白一些这理论的读者"。鲁迅认为，翻译一般的文章和作品的目的是供大家参考，而翻译革命的文学作品、科学文艺理论的目的则是要解剖自己、提高自己，帮助那些不甚了解革命理论却"以无产文学批评家自居的人"，帮助同一阵营里的文学工作者。总的来说，鲁迅认为，翻译要"有用""有益"。根据鲁迅翻译目的的论述，译者在进行商务英语翻译实践的过程中，应该注意译文的有效性和有益性，避免译文拖沓、冗长。

② 信为主，顺为辅。鲁迅认为，翻译应做到两个字："信"和"顺"，并认为"信"是翻译工作中最重要的，译者应在保证"信"的同时尽量使译文流畅、通顺。对当时有人曾提出的"与其信而不顺，不如顺而不信"的观点，鲁迅在《再来一条"顺"的翻译》中加以批判，并提出了"宁信而不顺"的观点，"这自然是'顺'的，虽然略一留心，即容或会有多少可疑之点……这才明白《时报》是因为译者不拘泥于'硬译'，而又要'顺'，所以有些不'信'了。倘若译得'信而不顺'一点，大略是应该这样的……"对此，人们常常产生一个误解：鲁迅求信而不求顺。但仔细阅读这段话不难看出，"信而不顺"的观点是在相互比较的情况下提出的，是相对的而非绝对的。事实上，鲁迅并未将"信"和"顺"对立起来，并不认为取"信"就要放弃"顺"，而是持"以信为主，以顺为辅"的观点。

③ 直译为主，意译为辅。对于翻译的策略，鲁迅明确提出"直译"的主张，这是针对晚清以来翻译多随意删减、颠倒、附益的不良风气而提出的。鲁迅在《域外小说集》的《略例》中指出，"任情删易，既为不诚。故宁拂戾时人，逐徙具足耳"，表达了其对"直译"的观点。需要指出的是，鲁迅提倡的"直译"既非"死译"，也不是"逐字翻译"；既保存原文的全部思想内容，又要尽量保留原文的语言形式、风格等。

鲁迅先生的翻译理论在商务英语翻译实践中的作用十分重大。商务英语是一种交际性很强的语言工具，交际双方的话语中可能隐含着自身的语用含义，译者需要用"直译为主，意义为辅"的标准来衡量自己的译文，从而做到译文的准确有效。

（4）郭沫若的翻译标准。郭沫若是中国现代著名的诗人、文学家、戏剧家以及翻译家。郭沫若的翻译理论注重对译者素质的要求。郭沫若认为，主体性、责任心是译者必须具备的。他认为，翻译工作要求译者具有正确的出发点和高度的责任感，一方面要慎重选择作品，另一方面还要以严肃的态度进行翻译。

除了责任心，郭沫若认为译者主观感情的投入对翻译工作也十分重要。翻译之前，译者首先要深入了解原文作家和作品，只有这样才能更深刻地了解原文和作者的思想。郭沫若曾说自己在翻译别人的作品时，常常和原作者"合而为一"，使自己变成作者而融入作品，体会原作的情感与内涵。这种"合而为一"的翻译思想对翻译理论的发展同样做出了重要贡献。

这个思想要求商务英语翻译人员要具备相当的商务活动知识，从而保证翻译工作的有效进行。同时在翻译活动进行之前，译者有必要了解交际双方的文化背景和工作背景，从而在翻译实践中更加游刃有余。

（5）林语堂的翻译标准。林语堂是中国当代著名的学者、文学家和语言学家，在翻译理论的研究上也颇有建树。他写过很多关于翻译理论的文章，其中最系统、最著名的译论是《论翻译》。林语堂的翻译思想主要表现在以下几个方面。

①将翻译视为艺术。在《论翻译》中，林语堂指出做翻译的人首先要意识到一件事情，即翻译是一种艺术。他还指出，作为一种艺术，翻译依赖以下三个方面：①译者对原文字面以及内容的透彻了解；②译者必须有深厚的汉语功底，汉语表达清楚、顺畅；③译事上的训练，译者能够正确认识翻译的标准和手法。

除以上三点外，再无其他纪律可为译者的规范，而这三条也是林语堂对翻译原则的看法。

②"忠实、通顺、美"。《论翻译》中，林语堂重点阐述了关于翻译标准的问题。林语堂认为，翻译有三个标准：忠实、通顺、美。这似乎和严复"信达雅"的翻译标准十分类似，实则并非如此，林语堂对这三个方面有着更独特的看法。

林语堂认为，忠实是一种态度，意味着译者对原作者以及原文负责任的态度。他认为，忠实的原则要求译者使用灵活多变的语言，传神地翻译出不同语境中的语用信息，同时译者需要根据语用场合，对原文进行适当调整，从而更加符合译入语的表达习惯。

林语堂认为，通顺是译者对目的语读者负责任的表现，也是忠实的内在要求。他还指出，要使译文保持通顺，译者首先要以句为本位，准确体会原文句子的含义，然后按照目的语语法将原文全句的含义译出。其次，译者要按照目的语的心理行文，使之符合目的语表达习惯，使读者读起来顺畅，不会感到别扭。

由上可知，林语堂翻译理论的依据是心理学，其关于使译文通顺的观点可解释为，译者可采取句译的翻译方法和目的语读者能够接受的译语行文习惯进行表达。

商务英语活动是一种跨文化的交流活动，交际双方由于文化背景、生活习俗、地域环境等的差异，在语言使用过程中也带有不同的特点。译者需要正确把握源语特色，然后进行恰当理解，从而翻译出更加准确的译文。

林语堂认为，翻译除了要实用，还要兼顾美。一位合格的译者应当将翻译当作一种艺术，用热爱艺术的心去热爱翻译，用对待艺术般一丝不苟的态度来从事翻译，这样才能使译作能够带给读者以美的享受。

因此，在具体的商务英语翻译实践过程中，译者需要注意文字之美，把握语言的神韵。译者是商务交际中的重要媒介，起着沟通不同文化的作用，译者对美的标准的掌握能够提高翻译的文化性和传播性。

（6）傅雷的翻译标准。傅雷是中国著名的文学翻译家、文艺评论家。傅雷曾说，领悟原文是一回事，而将原文含义用汉语表达出来又是另外一回事。他认为，翻译要"传神达意"必须做到以下三点。

① 中文写作。傅雷认为，好的译文要给人一种原作者在用汉语写作的感觉。这样原文的精神、意义以及译文的完整性和流畅性都得以保全，也不会产生以词害意，或以意害词的问题。

② 反复修改。傅雷对待翻译工作的态度极其严肃，并以"文章千古事，得失寸心知"为座右铭。傅雷指出，好的翻译作品离不开反复锤炼和修改，做文字工作不能只想着一劳永逸，而应该不断推敲、完善。

③ 重视译文的附属部分。所谓译文的附属部分，即注解、索引、后记、译文序等内容，这些内容都对译文能否"传神达意"有着重大影响，妥善处理这些内容有助于读者更好地理解原文的形式和内容。

傅雷的这个观点对商务英语翻译也有着重要的借鉴作用。在商务活动的英译汉中，译者需要根据中文的语言使用形式对译文进行反复推敲，从而使译文更加符合中文的表达习惯。同时，商务英语文本中还存在很多专业术语，对这些术语注解的翻译也能促进翻译活动的有效进行。

（7）钱钟书的翻译标准。钱钟书是我国著名的作家、文学研究家，并对翻译理论有很多发人深省的论述。"化境说"是钱钟书对翻译理论的主要观点，也是最大贡献。

"化境"和中国传统文论一脉相承，原指艺术造诣达到精妙的境界，而被钱钟书引入翻译领域则指原作的"投胎转世"。钱钟书在《七缀集·林纾的翻译》中首次提出了"化境说"的翻译观，"文学翻译的最高理想可以说是'化'。把作品从一国文字转变成另一国文字，既能不因语文习惯的差异而露出生硬牵强的痕迹，又能完全保存原作的风味，那就算得入于'化境'"。

"化"包括以下三个方面。①转化，即将一国文字转换成另一国文字；②归化，即能用汉语将外国文字准确、流畅、原汁原味地表现出来，读起来不像是译本，倒像是原作；③化境，即原作的"投胎转世"，虽然语言表现变了，但精神内涵如故。

另外，"化"还需注意以下两个方面。

① 翻译时不能因为语言表达的差异而表现出生硬、牵强之感，否则须得"化"之。

② "化"的时候不能随便去"化"，不能将原文文本中有的东西"化"没了，即虽然换了一个躯壳，但译文仍要保留原文的风味、精神、韵味。

"化境"是钱钟书将原本用于中国古典美学的"境界"概念引入翻译领域而得出的一种翻译理论。他指出，"境界"是所有学科的共性，是相通的。钱钟书将文学翻译理论纳入文艺美学范畴的做法，对中国文化而言意义深远。"化境说"不仅兼顾翻译中的语言形式和神韵，还强调译者的创造性，因此"化"是翻译的最高境界。

商务英语翻译带有很强的实践性，这就要求译者对语言交际环境有一个准确把握。只有这样，译者才能更好地传达交际者的信息，促进商务活动的顺利进行。

商务活动瞬息万变，对译者的信息把控力要求很高。译者不仅需要具备扎实的翻译理论知识，还需要在具体的实践中总结经验，完善翻译技巧。同时，对社会信息的掌握、商务活动的了解都有助于促进商务英语翻译工作的顺利进行。

2. 西方翻译标准的研究

西方对翻译的研究有着很长的历史，下面对其进行总结，以期商务英语翻译带来一定的启示。

（1）多雷的翻译标准。法国翻译家多雷在其论文《论如何出色的翻译》中，根据翻译的重要性列出了翻译的五个标准。

① 译者必须完全理解所译作品的内容。

② 译者必须通晓所译语言和译文语言。

③ 译者必须避免逐词对译。

④译者必须采用通俗的语言形式。

⑤ 译者必须通过选词和调整词序，使译文产生色调适当的效果。

（2）泰特勒的翻译标准。英国翻译家泰特勒在其《翻译的原则》一书中提出关于翻译的三个基本原则，具体内容如下。

① 译文应完整地再现原作的思想内容。

② 译文的风格、笔调应与原作的性质相同。

③ 译文应像原文一样流畅自然。

通过对上述的分析可以看出，泰特勒认为译文不应该只是强调与原文的语言特征一致，在思想、风格、笔调、行文上也应保持统一。

（3）纽马克的翻译标准。对于翻译标准的确定，英国翻译家纽马克提出了"文本中心论"的观点。他认为翻译的对象应该是文本，根据语言的功能，文本可以分为表达型、信息型和呼唤型三大类。

表达型文本主要包括严肃性文学作品、声明、信件。信息型文本主要包括书籍、报告、论文、备忘录等。呼唤型文本主要包括各种宣传、说明书、通俗小说等。纽马克主张对不同的文本类型，应该使用不同的翻译方法。

纽马克将翻译方法分为语义翻译和交际翻译两种，前者强调忠实于原作"原作者"；后者强调忠实于译作"读者"，不同的评价标准对应不同的"等效"要求。

（4）费道罗夫的翻译标准。苏联翻译理论家费道罗夫提出了"确切翻译原则"，他认为翻译的确切性就是表达原文思想内容的完全准确和在修饰作用上与原文完全一致，核心内容是"等值论"或等值翻译。费道罗夫认为，以下两项原则对一切翻译工作者来说都是共通的。

① 翻译的目的是使译入语读者能够了解原文的内容与思想。

② 翻译就是用一种语言把另一种语言在内容与形式不可分割的统一中业已表达出来的东西准确而完全地表达出来。

（5）皮亚杰的翻译标准。结构主义是翻译理论的重要组成部分，其对英语翻译理论的发展与进步有着重要影响。瑞士教育学家皮亚杰是早期结构主义的代表人物，他提出了以下几个翻译标准。

① 翻译结构应该带有整体性，主要指的是构成这一结构的各要素相互依存。需要注意的是，结构的整体性不等于其构成要素的简单叠加，而是各要素之间有机结合而产生的功效。一个结构的整体往往要优于部分要素或各要素的简单相加。

② 翻译结构应该具有动态性。结构不是静态的，而是一个由若干转换机制而形成的动态系统。一切结构，无论是最初级的数学群结构，还是决定亲属关系的结构，都是一个变化的转换系统。

③ 翻译结构应具有自我调节的功能。这种调节主要有三种形式：节律、调节和运演。自我调节是结构的本质特性，涉及结构的内在动力，具有一定的守恒性以及某种封闭性。尽管前面说结构具有动态性，但无论如何转换都不会超越结构的边界，更不会导致结构解体。不断变化的结构系统产生的要素总是属于这个结构的，并能保存该结构的规律。需要指出的是，结构变化中产生的因素并非一个子结构。

（二）商务英语翻译的原则

商务英语翻译的过程不是译者根据主观臆断进行天马行空的翻译过程，而是需要遵循一定的原则，在这个原则的指导下进行科学翻译。下面对商务英语翻译的原则进行总结与概括。

1.忠实原则

所谓忠实，就是指忠实于原作的内容。译者必须将原作的内容完整地表达出来，不得有任何篡改、歪曲、遗漏或任意增删的现象。

Bank bonds are also popular because they have a short maturing and are currently offering an interest rate of 20% more than the average bank deposit rates.

原译：银行债券也颇受欢迎，因为期限短，利息高于银行的平均存款利率。

上述翻译遗漏了一个重要信息，即"are currently offering an interest rate of 20%"，因此这样的译文很难忠实于原文，也就不能称得上是好的译文。

改译：银行债券也颇受欢迎。因为它期限短，并且目前正提供高于银行平均存款利率20%的利息。

（2）江苏已成为外向型经济发展的一个热点地区。

原译：Jiangsu has become a hot spot for its development of external directed economy.

这里的"hot spot"就有望文生义之嫌了，因为"a hot spot"往往被理解成"difficultor dangerous situation；place where (political) trouble is likely"。但汉语中的"热点"指的是"某时期引人注目的地方或问题"，毫无"危险、冲突、内乱动荡的地方"之意，以"hot spot"来译"热点"显然是误译。

改　译：Jiangsu has become a focus of attention for its development of export-oriented economy.

但汉语中"热点"可以说毫无"危险、冲突、内乱动荡的地方"之意，而指"某时期引人注目的地方或问题"（《现代汉语词典》）。以"hot spot"来译"热点"属语义误解产生的误译。另外，"外向型"经济指"面向外国市场"的经济或以生产出口产品为导向的经济。

2. 通顺原则

所谓通顺，就是指译文语言必须通顺易懂，符合规范。译文必须是清晰明了的现代语言，道理通顺、结构严谨、逻辑清楚，不能出现逐词死译、硬译的现象，也不能出现语言晦涩难懂的现象。

请从速办理此事，我们将不胜感激。

原译：Please do it at once，if so，we will be much thankful to you.

改译：Please prompt attention to the matter would be much appreciated.

原译和改译表达得都很正确，但相比较而言，改译采用的长句和被动语态使得句子表达更加正规和严肃。"would be much appreciated"相比"we will be much thankful to you"，显得更加委婉。所以，改译更加忠实于原文。

忠实和通顺是紧密相连、相辅相成的。做到了忠实但忽视了通顺，则会给读者造成理解上的困难，也就谈不到忠实；做到了通顺而没有做到忠实，则会脱离原作的内容与风格，通顺也失去了作用。

3. 功能对等原则

所谓功能对等，是指经过翻译，译文与原文之间在信息内容、信息承载方式、交际目的（预期功能）和交际效果等方面最大限度地保持不变。

Gentlemen,

We have received your telegram of May 6, from which we understand that you have booked our order for 2000 dozen of shirts.

In reply, we have the pleasure of informing you that the confirmed, irrevocable letter of Credit No.7634, amounting to $17000, has been opened this morning through the Commercial Bank, Tokyo. Upon receipt of the same, please arrange shipment of the goods booked by us with the least possible delay. We are informed that S.S. "wuxi" is scheduled to sail from your city to our port on May 28. We wish that the shipment will be carried by that steamer.

Should this trial order prove satisfactory to our customers, we can assure you that repeat orders in increased quantities will be placed.

Your close cooperation in this respect will be highly appreciated. Meanwhile, we look forward to your shipping advice.

Yours sincerely

上述信函包含了两个主要功能，即信息功能和呼唤功能。所谓信息功能，就是向信函读者传达的相关信息，如获悉对方接受订货、信用证已开出等；所谓呼唤功能，就是向信函读者传达己方的希望，呼唤对方去思考和行动，如希望对方将所订货物迅速装船，并由"无锡"号装运等。翻译时必须要注意这两个功能，并确保其可以实现，不仅要精确地传达相关信息，而且要成功唤起信函接受者采取行动。下面是其翻译内容。

先生们：

5月6日电悉，贵方已接受我方购买2 000打衬衫的订货。

我们高兴地答复，第7634号保兑的、不可撤销的信用证，金额为17 000美元，已于今晨通过东京商业银行开出。收到后，请将我们所订的货物迅速安排装运。另据悉"无锡"号轮定于5月28日从贵处开往我港，我们希望由该轮装运这批货物。

如若此次试购使我方客户满意，我们保证将继续大量订购。

我们对贵公司在这方面的密切合作深表感谢。同时盼望贵方的装运通知。

敬上

该译文不仅忠实原文，还以汉语商务英语信函的写作特点为依据，成功地确保和再现了原文的双重功能。行文流利、规范、得体。下面我们对这一标准进行具体分析。

（1）语义信息对等。语义信息对等是指原文的语义信息与译文的语义信息对等。语义信息是基础，没有语义信息，就没有风格信息或文化信息，因为风格信息和文化信息必须通过语言的基本含义表现出来。

语义信息包括两个层面的信息，即表层结构信息和深层结构信息。表层结构信息指的是话语或语篇的字面意思。

The New York Port Authority stipulates that barium carbonate should be packaged in fibre drums instead of in bags. The leakage was attributed to your failure to effect shipment according to the packing terms as stipulated in the contract.

纽约港务局规定碳酸钡应用纤维材料制成的桶装，而不应袋装。泄漏是由于贵方未按合同规定的包装发货所致。

上述例子是关于贸易运输中货物出现问题时的函件。原文字面意思很明确，译文已将原文的表层信息传递出来。

表层结构语言蕴含的意思即深层结构信息。换句话说，深层结构信息就是"字里行间"的意思。要了解深层结构信息，译者必须依据上下文的内容进行揣测，要运用对社会、文化、专业知识、历史、艺术等方面的知识，去体会、理解和剖析原文包含的层结构信息。

It works just as well on the dash.

Just because you're on the move doesn't mean your business has to come to a standstill.

The new F-series is a quality business tool designed to keep you in touch both in and out of the car.

It's one of the smallest and lightest portables around. And, if size does make a difference to you, it even has two different batteries. A large one for longer use and a small one to avoid unsightly bulges in your pocket.

Back in the car you can't get a better phone. It clips easily into place giving you a powerful class 2 mobile phone. Thanks to Panasonic's advanced acoustic engineering, it then gives you the best possible hands-free performance.

So whether you're on four wheels or two feet you can always keep your conversation moving.

For more details on the F-series, cut out the coupon or dial 100 anytime and ask for Free phone Panasonic.

风驰电掣传话依然那么清晰。

您在旅途并不意味着您要停下业务。

新F系列是一种高质量的商务工具，是专为您在车内或车外时保持联系而设计的。

它是目前体积最小、重量最轻的手提式电话。如果体积在您看来举足轻重的适，这种电话可使用两种电池。大的一种使用时间较长，小的放在您的口袋里，外面没有一丝凸起的痕迹。

在车里使用，您找不到比这更好的电话机。它能很方便地放置在固定部位，成为一台高功率的二级汽车电话。

多亏松下先进的制造工艺，才给您最好、最省事的服务。

所以，不论您坐四个轮子的车，还是步行，您的谈话总能够继续下去。

若要索取 F 系列详细资料，请剪下附表或随时拨打 100，获得松下免费电话服务。

上述是一则手提电话的广告，从中可以看出，广告的语言不是很复杂，译文基本上将表层结构信息传达出来。译者在原文的基础上，通过上下文的推测，将广告中蕴含的深层结构信息也准确地传达出来。例如，标题必须要根据广告的内容将广告设计者所要表达的意思翻译出来，而不能只按照标题的表层含义直接进行翻译。第二段 "a quality business tool" 中的带有下划线的 "quality" 也不能根据表层含义翻译成 "质量"，如果翻译成 "质量生意工具"，则会使读者产生困惑。实际上，作者的意思是 "本产品质量上乘、可靠"。因此，将其翻译为 "高质量的商务工具"，原文深层结构信息含义就翻译出来了。

（2）风格信息对等。风格信息对等是指原文的风格信息与译文的风格信息对等。翻译的风格论关注的重点是原语风格的意义所在。这里的风格，实际上指的是不同的文体。风格信息是信息传递的载体，在翻译中的作用不可忽视。如果忽略了原文风格信息的翻译，不仅会使得译文流失大量信息，还会使译文显得不够得体。商务英语会涉及许多不同的文体，如广告、法律等，因此在翻译时必须注意不同风格信息的传递。

These Rules shall govern the arbitration except that where any of these Rules is in conflict with a provision of the law applicable to the arbitration from which the parties cannot derogate that provision shall prevail.

本规则应管辖仲裁，但若本规则任何条款同适用于仲裁而为当事人各方不能背离的法律规定相抵触时，则该规定应优先适用。

上述文字是具有法律意义的条款，因此译文也必须是法律语言；如果译文不是法律语言，那么读上去就不像法律条款。如 "These rules shall govern the arbitration" 若翻译成 "这些规则将管制仲裁"，则会使人非常费解。再看下面一个例子：

Instant Full Cream Powder

This instant full cream powder is made from the Premium Grade A milk. To prepare it you simply mix the powder with water and instantly you have nutritious, natural full cream milk.

This milk powder gives you the same nutritional value as fresh milk because it contains vitamins A, B1, B2, B6, B12, C, D, E, K, PP, carotene, protein, and milk fat, plus enrichment with vitamins A and D.

速溶全脂奶粉

本速溶全脂奶粉选用优质 A 级牛奶精制而成，加水即可调成营养丰富的天然牛奶。

本奶粉含有维生素 A、维生素 B1、维生素 B2、维生素 B6、维生素 B12、维生素 C、维生素 D、维生素 E、维生素 K、维生素 PP、胡萝卜素、蛋白质和乳脂，以及强化维生素 A 和维生素 D，其营养价值与新鲜牛奶相同。

上述例子是一产品说明书，可以看出，译文读上去很符合汉语说明书的语言。如将"This"翻译成"本"而不翻译成"这"或"该"；将"is made from the Premium Grade A milk"翻译成"选用优质 A 级牛奶精制而成"等。

（3）文化信息对等。文化信息对等即原文中的文化信息与译文中的文化信息对等。语言是文化中重要的部分，通过语言，社会的信仰才能表达和传播，人们之间的交流才能实现。语言与文化不可截然分开。语言是文化的一部分，同时又是文化的载体，对文化的传播起着重要作用。同时，语言也受文化的影响，语言反映文化。因为两种语言的翻译必然会涉及两种文化的传递，所以翻译不仅是语言的翻译，也是文化的翻译。

但是，东西方文化存在很大差异，正是这些差异造成翻译过程中文化信息的大量丢失，因此在翻译过程中要特别注意文化这一因素，力争达到文化信息的对等。

（4）读者反应对等。读者反应对等指的是原文读者反应与译文读者反应对等。前文描述的三个对等都是这一对等的基础，这一对等也是国际商务英语翻译的最终目的。然而要做到完全对等是不可能的，但是也不能因此而放弃这一对等原则。商务英语翻译者必须认识到：①译文读者对译文的理解应当达到能够想象出原文读者是怎样理解和领会原文的程度；②译文读者应当能够基本上按照原文读者理解和领会原文的方式来理解和领会译文。译者在翻译过程中必须想象原文读者对所翻译文本的反应和以英语为母语的读者的反应，但实际上做到这些是十分困难的。例如，下面来自具有法律规定意义的"协议书"的一段文字：

If any provision of this agreement shall be determined to be unenforceable, void or otherwise contrary to law, such condition shall in no manner operate to render any other provision of this Agreement unenforceable, void or contrary to law, and this Agreement shall continue to be operative and enforceable in accordance with the remaining terms and provision hereof.

翻译时，译者必须首先完全理解原文，然后运用地道的汉语法律语言将原文意思表达出来，否则译文读者的反应与原文读者的反应肯定会存在差别，甚至差别会很大。

上述例子说明了语义信息传递风格信息没有完全到位，导致译文读者与原文读者的反应未达到理想对等。同样，如果语义信息在翻译过程中错误传递或丢失，那么译文读者与原文读者的反应也不能对等。

Check for a "ditch or smile" around the coin on the product side. A "smile" in the path of the scoreline will produce leakers.

原译：检查罐盖内侧硬币区是否有沟渠和微笑。在刻痕线上出现微笑则会产生渗漏。

译文中的"沟渠""微笑"以及"硬币"很显然会使人感到费解，其反应自然就会与原文读者的反应产生差距。实际上，原文中的"ditch""smile""coin"分别采用了比喻、拟人、拟物的修辞手法。沟渠（ditch）是凹进去的，因此"ditch"比作凹面；人笑起来（smile）脸部肌肉会凸起来，所以"smile"意思是"凸"；"coin"的意思是"铆合区"。

改译：检查罐盖内的铆合区是否有凹痕和凸起。如果刻痕线上出现凸起，则会产生渗漏。

三、商务英语翻译的要求

商务翻译工作是一种促进各国人民进行文化、科技、商业交流的重要活动，对文化、科技、经济的交流起着重要作用，因此就对从事翻译的人员提出了一定的要求。具体的要求分为两种，一种是与语言相关的，另一种是与语言无关的。

（一）与语言相关的要求

1. 具有较强的英语语言能力

较强的英语语言能力是英汉翻译的基础和首要条件，也是清晰、完整、透彻地理解原文的前提。因此，要想很好地进行翻译，首先就要提高译者英语语言能力。英语语言能力的提高一方面要尽量拓展词汇量，另一方面要掌握必要的语法知识。如果词汇量有限，那么在翻译时就要不断查阅词典来辅助翻译，这样不仅会影响翻译的速度，还会打断译者的思路，很容易造成翻译错误。如果没有具备较好的语法知识，译者在英汉翻译时就不可避免地出现理解错误，使得译文不能很好地传达原文的意思。

Today we cannot walk a few steps without noticing advertising.

今天，只要我们走出几步路，就一定会注意到广告。

上述译文采用正译法，把原文译成肯定句，可试想一下，假如此句不采用正译，此句的翻译又会是怎样的呢？

2. 具有扎实的汉语基本功

如果说丰富的英语知识是正确、清晰理解原文的基础，那么扎实的汉语功底则是贴切、自然表达的基础。虽然商务英语的翻译不像文学作品那样要运用形象的语言和多种修辞手段，但译文也要做到概念清晰、行文流利、逻辑通顺、完整准确。这一点常常被许多人忽略，认为汉语是母语，对应付翻译中的表达问题是轻而易举的。但是，在实际的英汉翻译当中，往往会因一个词或一个句子而绞尽脑汁，很久也找不到一个恰当的词语或句子。如"Inflation is coming clown；unemployment is coming down；things are definitely looking up!"如果译为"通货膨胀正在下降，失业问题正在下降，事实确实正在向上看！"，读完之后会使人不理解其中的含义，如果改译为"通货膨胀正趋缓解，社会失业问题在改善，形势确已好转！"，含义就明了得多，读起来也不会使人费解。可见，翻译质量的好坏直接受译者汉语理解能力和表达能力的影响。如果译者汉语功底不扎实，即使精通外语，也很难将原文的内容和风格完整、准确地表达出来。要想学好汉语，拥有扎实的汉语基本功，一方面，要借助语文教材，掌握基本的汉语语法知识；另一方面，要阅读大量优秀的汉语文学作品，借鉴和学习准确、地道的表达方式。

3. 具有较强的知识水平

如果译者只懂得英语而不了解一些相关的专业知识，那么一些特殊的表达方式是很难准确翻译的，因此知识水平是指译者应具备译入语和译出语的相关知识水平。针对商务英语翻译来讲，译者不仅要能运用流利、通顺的语言，还要懂得专业的术语和行话，只有将流利的语言和专业的相关知识完美结合起来，才能将原文含义完整地表达出来。在进行商务英语翻译时，应注意一些专业常用词组的习惯用法，如"I am writing to notice you that..."并非简单的"我现在在写信，要通知你……"，而是应译为"我写此信的目的是要告知贵（你）方……"；"Enclosed are..."并非"信中含有……"，而是"随信附上……"。对于原文的理解也应更加全面，采用得体、恰当的词语将原文的意思准确表达出来。

4. 具有较强的应用能力

应用能力是指译者应具备较强的翻译能力，其中包括理解、选词、表达等综合能力。英语阅读能力的提高对翻译能力的提高有积极的促进作用，因此现在英语学习界十分重视和强调学习者的阅读能力。但是，阅读能力的提高和翻译能力的提高并不是同步的，而是有差异的，尤其是汉译英的能力，有很多学习者虽然已经学习了十几年的外语，但是连最基本的句子也不能很好地翻译。因此，学习者需要进行大量练习，在进行翻译练习时应尽量选择一个安静的地点和无人打扰的时间，以便集中精神，一气呵成。翻译材料最好附有优秀的参考译文，在做完练习后还可以参考一些现成的译文。另外，只做练习是不够的，还应进行翻译实践，只有通过实践，译者的翻译水平才能得到真正提高。

（二）与语言无关的要求

具备较强的英语语言能力、汉语基本功、知识水平能力和应用能力还不能成为一名优秀的译者。要成为一名优秀的译者，还要具备良好的政治素养和高度的职业责任感。

1. 具有良好的政治素养

良好的政治素养是指译者能够运用正确的立场、观点和方法来分析、研究所译内容，确保译文准确、恰当地传达原文的思想。

2. 具有高度的职业责任感

高度的职业责任感是指译者必须意识到自己肩负的使命，要有兢兢业业、一丝不苟的态度，对不明白或不熟悉的东西要勤查多问，不望文生义，不草率下笔。译者肩负着重要责任，稍有不慎就有可能造成重大失误，如造成不良的政治影响或巨大的经济损失，因此译者一定要有责任感，对任何翻译工作都不能草率。

综上所述，只有具备了良好的语言知识能力、实际应用能力和政治素养及职业责任感，才能将翻译工作做好，才能成为一名合格的翻译人员。

第二节　商务英语的翻译技巧

一、直译

直译法多用于翻译商务英语中的专业词汇、简单句或者带有修辞的语句。另外，在一些国际交流中，很多机构为了得到最原始的资料，尤其要求译文采用直译法。例如，"accountant"（会计师）、"assistant engineer"（助理工程师）、"Guard against Damp"（切勿受潮）等。

Breakfast without orange juice is like a day without sunshine.

没有橘子汁的早餐犹如没有阳光的日子。

Please return the defective sample.

请退回不良的样品。

Trade mark is a legal term.

商标是个法律术语。

The product is an ideal new material.

本产品是一种理想的新型材料。

二、意译

意译法就是按照词语的意义进行翻译的方法。在翻译商务英语文本的过程中，如果采用直译法无法将原文的意义传达出来，即可采用意译法。意译法可以尽可能忠实地再现原文的内容与风格。

GMT(Greenwich Mean Time) subsequently evolved as an important and well recognized time reference for the world.

后来，格林尼治标准时间发展成为一种为世界使用的重要的、得到良好公认的时间参考。

三、音译

音译法即按照缩略后形成的单词的读音直接翻译，翻译方式简单易行，所以受到广大商务翻译者的喜爱。当意译显得累赘时，就可以采用音译法。商务英语中的音译一般可以分为两种：完全音译和音译加注。

（一）完全音译

例如：Ford（福特）、Volvo（沃尔沃）、Lincoln（林肯）、Chrysler（克莱斯勒）、Daimler（戴姆勒）、Disney（迪士尼）、Hummer（悍马）、Mercedes-Benz（梅赛德斯 - 奔驰）等。

（二）音译加注

例如：Enron（安然公司）、Monitor（摩立特集团）、Don Jones（New York）（道·琼斯公司）等。

四、转译

商务英语中的转译主要涉及词类的转译，最常见的是名词、动词、形容词、介词的转译，下面进行具体介绍。

（一）名词的转译

1. 名词转换为动词

There has been a tacit agreement to agree or to disagree on the interpretation of the wording of the treaty.

双方已经达成一种默契，同意在解释条约中的用词时可以各做各的解释。

In face-to-face negotiation, the maintenance of flexibility of parties and issues is important, especially as concerns issues like terms of payment, credit, delivery time, and of course, price.

在面对面的谈判中，要保持双方和问题的灵活性，尤其是那些关于付款条款、信用证、交货期和价格等方面的问题。

Considering the small amount of goods shipped, we agree to make an exception by accepting the payment by D/P.

鉴于货运量很小，我们同意破例接受付款交单。

2. 名词转换为形容词

The instrument has been welcomed by users because of its stability in serviceability, reliability in operation and simplicity in maintenance.

这个仪器性能稳定，操作可靠，维护方便，因而受到用户的欢迎。

3. 名词转换为副词

It is a pleasure to learn that you are quite satisfied with the quality of the sample of our article.

我们很高兴地获知你们对我公司商品的样品的质量深感满意。

I have the honour to inform you that our company has long established the partnership with you.

我荣幸地通知你，我们公司早已与你们建立了伙伴关系。

（二）动词的转译

动词在商务英语翻译主要转换为名词。

The volume of trade has increased tremendously to the advantage of both countries.

贸易量有很大的增长，这给两国都带来了益处。

The instrument is characterized by its compactness and portability.

这个仪器的特点是结构紧凑、携带方便。

Such materials are characterized by good insulation and high resistance to wear.

这些材料的特点是绝缘性好、耐磨性强。

上述英语原文中的动词 "characterized" 在汉语中翻译为 "特点"，从而使译文更加符合汉语表达习惯。

（三）形容词的转译

形容词的转换主要有以下两种情况。

1. 形容词转译为名词

We recognize that intellectual property protection is important for the development of new medicines.

我们认识到知识产权保护对开发新药的重要性。

2. 形容词转译为动词

The export trade is subject to many risks. Ships may sink or consignments be damaged in transit, exchange rates may alter, buyers default or governments suddenly impose an embargo.

出口贸易常遇到许多风险。例如，船舶可能沉没，货物可能在运输途中受损，外汇兑换率可能有变动，买主可能违约，或者政府突然宣布禁运。

Regional assistance payments shall be generally available to all producers within such regions, and such payments shall be limited to the extra costs or loss of income involved in undertaking agricultural production in the prescribed areas.

地区援助计划下的支付，应普遍为此类地区内的所有生产者所获得，此类支付应限于在规定地区从事农业生产涉及的额外费用或收入损失。

（四）介词的转译

商务英语中的介词有时可以转译成动词。

Annual subscription for four issues of this journal is $49.00 plus postage and handling($16.00).

本杂志每年 4 期，全年订阅 49 美元，外加 16 美元的邮寄费用。

The machine is out of repair.

这台机器失修了。

We should advise you to get in touch with them for your requirements.

建议你方与他们取得联系，洽购所需商品。

上述英语原文中的介词"for"在翻译过程中转译为汉语动词"洽购"，从而更符合汉语的表达习惯。

五、反译

反译法是指在保持原文内容不变的情况下，将原文的肯定形式译成否定形式或者把否定形式译成肯定形式，从而使译文的表述尽量符合译入语读者的思维习惯。商务英语中的反译主要有正话反说和反话正说两种情况。

1. 正话反说

正话反说就是用变换语气的方法，将原文的肯定式译成否定式。

The demand for our products exceeds the supply.

我们的产品供不应求。（动词正话反说）

Alternatively he may well sell to an export merchant's hours；in this case there is little financial risk for the producer, since the merchant acts as a principal and pays for the goods himself.

他也可以将货卖给出口商，这样生产商基本上不承担经济风险，因为出口商本身就是买主，由他支付货款。（形容词正话反说）

Buyer and sellers may be scattered over the whole world and instead of actually meeting together in a marketplace, they deal with one another by telephone, cable, email or letter.

买方和卖方可能分散在世界各地，他们可以用电话、电缆、电子邮件和信件进行交易，而并不真正在市场上碰头。（介词正话反说）

2. 反话正说

反话正说就是用变化语气的方法，将原文的否定式译为肯定式。

Since your order covers so big a quantity, we are unable to meet your requirements for the moment, but we will do our utmost to secure supply for you, and where the position improves, we will not fail to let you know.

因为你方订单数量很大，目前不能满足你方要求，但是我们将尽最大努力为你方取得货源，一旦情况好转，一定告知。（动词反话正说）

They should lose no time in adopting further measures to restore market confidence, expand demand and promote an early recovery and development of the regional and global economy.

他们应尽快采取进一步的措施，重建市场信心，扩大需求，促进世界和本地区经济早日恢复和发展。（短语反话正说）

六、顺译

英汉语言在表达顺序上存在的共同点，使一些英译汉或汉译英基本不用调整语序。顺译法多用于翻译句式较简洁的英汉语句或用来反映、介绍客观情况的语句。此外，商务英语翻译中有些句子虽然看起来很长，但仔细分析会发现，这些句子表述的内容基本上是按照动作发生的时间先后顺序或内在逻辑关系来安排的。这类句子也可以采用原文的叙述顺序进行翻译。

Loan commitment is a promise by bank to make a loan at some future date up to some maximum amount, perhaps at pre-specified interest rate.

贷款承诺是指银行向客户做出的在未来一定时期内按商定条件为客户提供有约定上限的贷款的承诺，而利率有时是事先设定好的。

The purpose of the Joint Venture is to adopt advanced technologies and efficient management systems to produce Licensed Product which shall be of top quality and competitive in the world markets, so as to achieve satisfactory economic returns.

董事会每年召开一次，原则上在合营地址的法定地址举行。出席会议的法定人数不得少于董事人数的三分之二。若董事不能出席董事会，可以书面授权代表出席会议，代表他投票。

Past experience tells us that the sustained, rapid and healthy development of the national economy is the basis for sustained growth of China's foreign trade and economy, that the establishment of the socialist market economy is the fundamental driving force for continuous foreign economic and trade growth, and that maintaining the continuity and stability of favorable policies and improving comprehensive competitiveness are the basic conditions for sustained foreign economic and trade development.

实践启示我们：保持国民经济持续快速健康发展，是中国外经贸不断发展的根本基础；建立社会主义市场经济体制，是中国外经贸不断发展的根本动力；保持良好政策的连续稳定和提高综合竞争力，是中国外经贸不断发展的根本条件。

七、逆译

英汉语言在思维模式与表达方式方面存在不同，因此从句子成分的角度来讲，翻译时要重新调整语序，译文的表达顺序通常不同于原文。

New technology is also making it easier for companies to diversify as different industries come to rely on common technologies.

由于不同行业都需要依赖相同的技术，因此新技术还有利于公司实现多元经营。

The two sides found it beneficial to have this opportunity to present to one another their views on a variety of issues.

现在有机会相互介绍彼此对各种问题的观点，对此，双方认为是有利的。

The policemen set him free when his ransom had not yet been paid.

他还未交赎金，警察就把他放了。

八、增译

所谓增译法，是指在译文中增补一些表示介绍、说明或范畴性的表达方式，以更准确、恰当地表达原文的意义。商务英语中时常用到增译技巧。

It is more expensive than it was last time but not as good.

价格比上次高，但质量比上次的差。

The license will thus have the right to produce the goods under patent protection by paying an agreed amount of royalty to the supplier, whereby the licenser is obliged to furnish technical information and assistance.

执照持有人在通过向（执照）提供者支付规定数量的专利使用费，得到（某商品的）专利保护后，才有权力生成该商品。而技术提供者则有义务提供技术信息和技术援助。

Local adaption is made in branding, labeling, and packaging of the company's products before they enter foreign markets.

进入外国市场前，公司对其产品的品牌、商标和包装都重新进行打造，以适应本土化需要。

In the view of the size of the region, the extent and complexity of the security issues and the short duration of the meeting, it would be preferable to have general discussion on issues concerning security and cooperation in the Asia-Pacific at this meeting.

鉴于亚太地区范围大，安全问题所含内容广泛、复杂，以及论坛会议时间短，会议宜就亚太地区安全与合作问题进行一般性的讨论。

九、省译

有时候，原文中有些词在译文中不必译出来，因为译文中虽无其词而已有其意，或者其意在译文中是不言而喻的。商务英语翻译中有时会用到省译技巧。需要注意的是，省译并不意味着要将原文的思想内容删去，而是在不改变原文意义的前提下将句中某些成分省略不译。商务英语翻译中的省译法主要有以下两种情况。

（一）省译可有可无的词

商务英语翻译中常可省译一些可有可无的词，以更加符合汉语的表达习惯。

The opening of China in foreign trade, investments and technology will transform its economy in due course.

中国在对外贸易、引进外资和技术方面实行的开放政策会使它的经济改观。

Planning and market forces are both means of regulating economic activities.

计划和市场都是经济手段。

（二）省译代词

英语中代词的使用十分广泛，用以指代前边或后边的人或事，或者指代大家共知的人或事。相反，汉语中代词的使用远低于英语。因此，在商务英语的翻译中，只要句意清楚，不引起误解，就可以省略代词不译。

We are in receipt of your letter dated March 21 and, as requested, are airmailing you, under separate cover, one catalogue and two sample books for our printed shirting. We hope they will reach you in due course and will help you in making your selection.

贵方3月21日函已收悉，兹按要求另航寄印花细布目录一册，剪样布两份，希望及时邮递你方，以便于选择。

In the simplest case, when prices are rising, you can buy for immediate delivery and sell forward; then, provided the cost of warehousing and financing is less than the difference between the two prices you will make a profit.

在最简单的情况下，价格上涨时，可买进即期货，卖出远期货。这样，假如仓库费用及财务开支比这两个价格之间的差价金额低，即可获利。

十、不译

在商务英语翻译过程中，不译的情况主要出于两个原因：①一些词的意义并不能从字面上表现出来，其含义已经融入具体的语言环境，翻译时，这些词语可以不译；②一些词汇或者专业术语的知名度很高，不翻译也不会影响读者的理解，下面这些词语也可以不译。

Please quote us the lowest price CIF New York with a 5 percent commission，and indicate the quantity that you can supply for October shipment.

请报来最低"CIF"纽约价包括 5% 佣金，并说明可供十月装运的数量。

在商务英语中，CIF 属于专业术语，对商务专业人士来说是不需要翻译出来的。

Excessive shaft deflection can be the death of an otherwise well-designed machine.

轴的过度弯曲变形能使一台设计得不错的机床报废无用。

"otherwise" 一词在原句中表示 "Excessive shaft deflection" 和 "well designed machine" 之间的对比，具有意义自明的效果，所以译文省译了其字面意义 "在其他方面"。

第五章　商务英语翻译中的中西方文化差异

第一节　跨文化因素对商务英语翻译的影响

　　由于生活习惯、思维方式及对事物认识的不同使得不同国家民族之间存在极大的文化差异，商务英语翻译人员要将不同国家的商务活动中使用的两种语言做到对等翻译，就应了解这些文化之间的差异，并通过适当的翻译方法对其中的文化信息进行调整，从而顺利进行跨文化交流。

　　随着经济的全球化发展，国际商务交往活动日益频繁，作为沟通各国商务活动和经济交流的语言工具——商务英语，已成为职场生活中一门跨学科的综合性专业知识，涵盖了各国企业管理理念、与外国人合作的方式方法及他们的生活习惯等，从某种程度上说是包含在文化概念里的。商务英语翻译已成为国际商务活动中的重要环节，作为人类跨文化沟通的主要桥梁之一，它既有英语翻译的共同特征，又具有明确的专业性和跨文化交际性。商务英语翻译作为两种文化之间的一种跨文化交流活动，不仅是语言的翻译，而且是不同文化的传递。正如语言学家尤金·奈达所说："要真正出色地做好翻译工作，掌握两种文化比掌握两种语言甚至更为重要，因为词语只有运用在特定的文化中才具有意义。"对同一客观现象，不同的民族会有不同的语言表达形式。翻译人员如果不了解对方的语言文化背景、社会风俗习惯就会导致出现交际障碍、冲突或误解，即"语用失误"现象。本章就影响商务英语翻译的跨文化因素及翻译中对文化信息的调整策略方面谈谈自己的认识。

一、影响商务英语翻译的文化因素分析

（一）生活习惯的差异对英语翻译的影响

　　由于各国地理位置、生存环境等方面的不同，我们的生活习惯与方式和西方人有很大差异。如在称呼上，在西方，较为正式的称呼一般是在姓氏前加上 Mr. 或 Mrs.，如 Mr.Smith、Mrs.Green，而在汉语里我们常用表示职业的名词与姓氏连用做称呼语，如"李老师""王老板"等。在见面寒暄时，西方人一般会聊天气，如"It's a nice day, isn't it？"等，

而中国人见面寒暄常会问些个人问题，如"你多大年纪？""你又瘦了"等表示关心对方。在西方文化中，"How old are you？""You are thin."这样的话，会让人感到很尴尬，因为这是不礼貌的，西方人尤其是女士是最忌讳别人问她年龄的，一般认为这些是她们的私人问题，别人不需要知道。因此我们在商务交流活动的翻译中要了解中西方生活习惯的差异，不断提高语言的敏感性，选择符合双方文化的语言习惯，使跨国经济活动顺利进行。

（二）对事物认识的文化差异对英语翻译的影响

由于东西方人的思维方式、文化传统等方面的影响，不同国家人眼中的数字、颜色意义有极大的差异。例如，在欧美国家常看到带 7 数字商标的商品，如"Sept wolves"（七匹狼）（sept 是法语"七"的意思）、"Mild Seven"等，但很少有人使用 6 或 13 这样的数字做商品品牌的，因为在欧美国家，"Six"象征魔鬼，"Thirteen"是不吉利的数字。数字 6 在中国却是表示吉利的数字，人们爱用 6、9 这些数字做商品的商标，如"666""999"等。再如，在对颜色的理解方面，红色在中国文化中象征吉祥、喜庆，而西方文化则认为红色代表危险，常说 a red battle（血战）、red revenge（血腥复仇）等。

另外，东西方人对认识事物的文化差异也很大。例如，英语中的"spring up like mushroom"在汉语里多译为"雨后春笋"，而不是"雨后蘑菇"。因为在中国文化中，南方多雨的地方一般竹笋比较多，所以人们更能接受的成语和理解的意象是"雨后春笋"，而在西方人更能理解的意象则是"蘑菇"。再如，"White Elephant"在东方人眼里是吉祥物，而在西方文化里，它却指昂贵而无用的东西。所以在商务英语翻译中要注意不同民族对认识同一事物的文化差异，通过了解其各自的特点、忌讳、隐喻等来避免在商务工作中出现错误。

（三）认知思维方式的差异对英语翻译的影响

中国文化习惯从整体上、直观上看问题，强调社团和集体的价值；欧美文化习惯于逻辑分析，强调个人为中心，因而导致出现在语言表达上的种种差异。例如，在姓名、时间、地址的表达方式上，中英两种语言的行文方式明显地体现出这两种思维方式的差异，中国文化从大到小，从整体到局部；而西方文化则正好相反。西方人是直线式思维方式，比较直截了当，而中国人则习惯形象思维，在说明问题时爱用意象与比喻，如中文说"山重水复疑无路，柳暗花明又一村"，其中有山、水、路、树、花等意象来比喻其义，而英文则译为"One has a sudden glimpse of hope in the midst of despair."（在绝望中突然看见一丝希望），直接表达了源语要表达的功能意义，里面却根本找不到山、水等对应形式。所以不同文化认知思维方式的差异会对商务英语翻译造成影响，翻译人员要考虑到不同文化背景下的认识思维方式的差异，翻译时尽量做到文化信息传递的对等。

（四）语言表达的方式对商务英语翻译的影响

影响商务英语翻译的因素还有在语言表达方式上，中国人自古以来强调"谦虚"的美德，在口头或者书面上能体现出的一个特点便是谦逊、内敛。例如，中国人出于礼貌，在商务合同书中，通常会加上"以确保公平""在多次协商后"等类似的句子，但是西方人却不以为意，认为这些都是客套语，他们觉得合同是否能发挥效力与双方是否能共同遵守条款、履行义务，是由法律来保证的。另外，他们也不失礼貌，虽然在英语中的"you"不像中文那样可以翻译成"您、贵方"，但是他们往往会注意增加"please"的使用。由此可见，不同的语言表达方式虽然不能决定商务交往活动的成与败，但是为了防止产生误解，译者在商务英语翻译过程中，要注意选择适当的语言表达方式。

二、文化差异对商务英语翻译影响的具体表现

（一）文化差异引起商务英语翻译中文化信息不对等

每年各国都有大量商品被介绍到全球市场，其中就出现很多因为广告翻译错误、不了解文化差异造成的错误等，使商品销路不好；出现"胡译""死译"现象，损坏企业形象和产品的销售。例如，有人把"白酒"译成"white wine"，实际应译为"spirits"才符合源语信息，因为西方人一般将酒精含量 14% 以上的酒称为烈酒，即 spirits 或 liquor，而"wine"则是指葡萄酒、果料酒。

（二）文化差异引起集中不对应

这里有几种情况：一是源语义化在概念上有明确的实体，而译入语不能直译。二是源语中的指称对象在译入语文化中根本不存在或罕见。三是源语和译入语中同一个指称对象可能由字面意义不同的词语加以指称。此外，差异的原因还在于东西方民族地理、历史、风土人情等因素不同，正是这些文化差异的存在使得文化对等翻译的可译性受到限制。

三、跨文化因素与英语翻译准确性的关系

跨文化因素在英语翻译中起着非常关键的作用，应用商务英语的翻译往往会直接影响商务的经济利益，因此必须提高翻译内容的准确性。在商务英语翻译的过程中，译者不应该仅仅翻译语言本身，更应该翻译出语言背后所表达的深层次理念。在商务英语翻译的过程中，必须加强与跨文化因素相结合，准确把握商务英语翻译的关键所在。由此可见，在商务英语翻译中，既要保证对商务英语的准确翻译，又要加强对其文化内涵的融入，如果忽视了特定文化的表达，如忌讳和隐喻等内容，很可能产生矛盾。通过把握不同文化的禁忌内容，译者才能在翻译的过程中避免出现错误，进一步提高翻译的质量和翻译的内涵，进而准确地传达翻译内容，从而促进双方的交流。

四、跨文化因素对商务英语翻译准确性的影响

从目前来看，商务英语翻译包括以下三种层次：

第一个层次是商标的翻译。商标对企业的作用不言而喻，能够通过有限的视觉图形传达出强烈的品牌效果，营造非视觉的直观形象。随着商标的运用范围越来越广泛，不仅在企业设计中通常会采用商标，在政治领域、经济领域等方面都能够见到商标的身影。

第二个层次是广告宣传的翻译。制作广告的最终目的是促进商品的销售，译者通过对广告进行翻译，能够让用户对产品做进一步了解。所以在针对广告进行翻译的过程中，译者必须充分考虑消费者的文化因素。广告文化因素要符合消费者的主观情绪，通过对消费者进行精准的定位与分析，从而提升产品宣传的针对性，只有广告中的文化因素符合消费者的主观情绪，才能够让消费者在消费过程中产生满意的效果。人类除了主观的文化因素，还有其他的文化因素，包括回忆、怀旧、追求自我、向往自由。通过译者在文化因素中融合这些因素，能够更加全面地激发人们内心深处关于文化因素的经历，从而引起消费者的共鸣。

第三个层次是商务活动的翻译。在双方谈判的过程中，译者需要对商务口译内容进行分析。由于商务口译对口语表达能力、思维理解能力，以及双方文化背景、思维方式等信息的了解能力要求较高，所以翻译人员必须加强对语言敏感内容的处理。只有在交谈过程中进行恰到好处的表达，才能够避免出现不明确的问题，从而突出双方谈判的重点，有效化解矛盾，通过在口译过程中简化译文，保证跨国经济的顺利往来。例如，在外方对中方表达感谢时，中方习惯性回答说，这是我们应该做的，如果直译则会导致外方对中方产生误解，所以译员必须要尊重国外的习俗，通过恰当得体的语言进行表达。这是因为东方人在语言表达过程中过于内敛，不轻易展露自己的心理活动，而西方人则有更加倾向于直截了当地表达其内心的文化习惯。这样就要求译者在商务英语翻译过程中，必须尊重双方的文化习惯，以进一步保证翻译的质量与水平。

五、商务英语翻译的文化适应性问题探析

（一）商务英语翻译问题概述

从某种意义上讲，国家间、地区间经济交往的实质是其文化的互动、交流。在不同文化的交流过程中，首先面临的问题就是弱化和消除文化障碍，实现文化沟通和交流。英语作为国家间、地区间经济交往的有效工具，具有存在形式与表达方式的多样性等特点，这些特征不仅反映着国家和地区间文化的差异性，也影响着商务英语翻译的准确性。因此，商务英语翻译必须注重国外企业与本国企业之间的文化差异。

　　企业文化是企业在长期发展过程中形成的产物，是社会文化在企业组织管理实践中的折射，也是西方管理理论在经历"经济人""社会人""自我实现的人"与"复杂人"假设之后，对组织的文化价值、经营理念、管理过程和未来经营业绩关系的又一次重新审视。企业文化渗透于企业的一切活动中，又存在于企业的一切活动之上，既是企业的基因和灵魂，也是企业持续发展的潜在动力和重要保障；既是制度性和非制度性、绝对性和相对性的辩证统一，也是批判性和继承性、稳定性和动态性的有机结合。

（二）适应措施

1．重视商务英语翻译的外部环境

　　密切关注国外企业文化发展的最新成果，充分考虑商务英语翻译的外部环境。随着我国经济的发展和经济全球化趋势的推进，东西方文化的交流成为不可逆转的历史潮流，学习西方国家先进的企业文化逐渐成为培育和创新我国企业文化的重要途径。对如何借鉴、学习、吸收和内化国外先进企业文化成果在商务英语翻译过程中的适应性等问题，学界并没有从理论上、学术上加以明确描述和科学阐明。

2．把握国内外企业文化之间的内在耦合性与本质差异性

　　事实上，在商务英语翻译过程中一个非常重要而又往往被忽视的环节就是文化的适应性。当然，文化适应性的观点绝不是否认不同商务英语翻译中的相互借鉴和学习行为，而国外先进企业文化不能原封不动地照搬到商务英语翻译过程中，商务英语翻译必须注意文化适应性问题。国内外众多专家学者的研究表明，东西方管理文化存在诸多方面的差异，彼此各有优势，很难找到一条客观、有效的商务英语翻译标准。对在商务英语翻译过程中出现的一些现象和问题，究其本质是由国内外企业文化之间的内在耦合性与本质差异性所致。因此，译者在商务英语翻译过程中一定要注意文化适应性问题，注重跨文化的比较研究，只有客观反映国外企业文化特征，才能更好地促进企业商务英语翻译在企业商务创新实践中实现实质的转变和历史性飞跃。

3．全面构建商务英语翻译的内部环境

　　文化适应性作为商务英语翻译能否取得实质性突破的关键要素，说明商务英语翻译要与我国传统文化理念相一致。商务英语翻译是体现企业亚文化的一种手段，是社会宏观的大文化在企业中的投射，因而商务英语翻译必须体现出社会的宏观大文化。所以，中国企业商务英语翻译的文化基础就应该是中国优秀的传统文化。中华五千年的历史文化是人类的一种本源文化，是在与各种文化、思想、观念不断碰撞、借鉴和融合的历史过程中积淀而成，是中华民族智慧的结晶与表征。儒家的"仁、义、礼、智、信"思想，道家的"天人合一"思想，"道可道，非常道"的真理追求意识，"无为而治"的管理意识和"有生于无"的创造观，以及孙子的"五事七计"以道为首的思想等传统文化，无疑是培育和建构

商务英语翻译理论的重要基石。

长期以来，我国的商务英语翻译理论缺乏中国特色，究其原因主要是没有将中国传统文化中的思想精华借鉴和应用到商务英语翻译理论中。实践表明，只有建立扎根现实土壤，具有我国传统文化特色的商务英语翻译，才能使企业发展具备永续的原动力和发展的持久力。

综上所述，商务英语翻译应置于中国的传统文化背景中去深入探讨。研究商务英语翻译与中国传统文化和当代社会文化的关系，商务英语翻译与企业管理、企业环境、企业发展和企业创新的关系等，提出具有中国特色的商务英语翻译理论体系和模式，加强商务英语翻译理论应用、测量、评估、诊断和追踪的实证性研究，从而形成独具特色的商务英语翻译模式，推动经济组织交往的无缝对接。

第二节　商务英语翻译中的文化差异

商务英语翻译文化差异的主要内容：不同的民族有不同的历史背景、风俗习惯、文化传统。因此，从事国际商务英语翻译的人员必须要了解本国和他国的基本文化差异，并设法使这些差异在翻译转换的过程中消失。一般来说，中西方的文化差异有以下几个方面。

一、生产生活的物质基础的差异引起的翻译差异

生产生活的物质基础不同，也造就了人们对不同动物感觉的好恶。中国是一个传统的农业国，因此对牛、羊等动物很喜欢。作为英语传播者的英国是个临海国，因此，其文化生成者对牛、羊未必有与中国相同的感觉。广州的"五羊"牌自行车就是典型一例。当"五羊"被译为"Five Rams"，并出口到欧美国家时，它的销量并不景气。原因是"ram"一词在英文中虽可表示公羊，但也可表示猛撞、撞击之意。将"Five Rams"译为"Five Goats"，也不可取，有"好色之徒"之嫌。由以上分析可见，"五羊"的字面直接翻译很难做到。如果从目标语的语言、文化及受众的感受入手进行翻译，例如，译成音义结合的"We-Young"是不是能够表达自行车使人年轻、快乐、无忧的美好愿望呢？

二、自然环境的差异引起的翻译差异

1. 地理位置的差异

英语单词"Zephyr"（西风）反映了英国特有的文化。在英国人的意识中，西风是温暖和煦的。这是因为英国西临大西洋，东面是欧洲大陆，西风从大西洋吹来。英语西风蕴

含着特殊的文化信息，那么英国的汽车用 Zephyr（西风）做商标就成为自然而又可以理解和接受的事情。但是，在有着几千年古老文明的中国，用"西风"做商标就无法让人理解和接受了。与此相反，中国人有东风送暖之说。所以，中国第一汽车制造厂生产的汽车商标为"东风"，而绝不会用"西风"作为商标。

2. 谚语的差异

不同的自然环境也造就了谚语不同的词语侧重点。谚语是语言的精华凝固剂，是劳动人民或作家在自身的实践中对各种生活现象进行综合概括和锤炼出的生动、精练的固定语句，能用简单通俗的语言反映出深刻的道理。例如，事实胜于雄辩（Facts speak louder than words.）。另外，我们在商务交际中运用套译法时，一定要注意交际双方文化背景的差异，既不要用包含中国地名或人名的汉语谚语硬套英语谚语，也要避免西方的地名或人名出现在汉语谚语的英语译文里，以致和原文的上下文语境形成矛盾或不伦不类的尴尬情况。

三、风俗习惯和民族心理的差异引起的翻译差异

1. 颜色的文化差异

不同文化背景的人对颜色的认识尽管有相似之处，但他们对各种颜色的感觉也有可能不同，甚至截然相反，其原因在于其国家所处的地理位置、历史文化背景和风俗习惯不同。例如，在英语国家红色象征残暴、不吉利，红色意味着流血。在中国红色则预示着喜庆，中国人结婚习惯穿红色衣服。

2. 数字的文化差异

众所周知，在西方数字"13"被认为是不吉利的数字，人们通常避免使用"13"这个数字。在中国的传统文化中，数字"13"却没有这种文化含义。其他数字如 8、7、9 等也具有明显的文化差异。

3. 对事物认识的文化差异

在西方神话传说中，dragon（龙）表示邪恶的怪物。在中世纪，dragon 是罪恶的象征。另外，dragon 还有"泼妇"的意思。由此可知，dragon 在英语国家人中所引起的联想与中国人心中对"龙"的认识完全不同，所以翻译时就要特别小心。

四、针对文化差异影响应采取的对策

文化差异对商务英语翻译的影响是很大的，随着国际贸易日益频繁、对外贸易不断发展，商务英语的应用越来越广泛，笔者认为有必要对此做些对策性探讨。

1. 大量的本民族文化与目标语文化常识的输入

文化的特征显示，文化不是个人特质，而是个人所属社会的特质。每一种文化都有一

组复杂的与众不同的特性，涉及社会生活的各个方面。所以，两种文化的不可对译性直接表现在其对文化的理解上。大量文化知识和文化习惯的习得，是直接解决跨文化商务翻译冲突问题的最有效方法。

2．进行句法分析并判断逻辑关系

要确切了解源语文本的信息，有时需要分析、研究句中或句间的内在关系，特别是句中暗含的逻辑关系，还应根据需要进行语序的调整，并依靠这种逻辑关系组织译文，译出源语文本的内涵。

3．准确透彻理解英文词语

正确理解源语文本，不能只停留在表层意义上，要透过表层理解深层的含义。这里所谓的理解就是要懂得源语文本所要表达的思想内容。在理解领悟之后，译者要做恰如其分的转义引申或进行逻辑思维的推理，将源语文本的内在含义或弦外之音予以译出。

4．注意语言环境对关键词语的影响

英译汉时，需注意周围词语对某个词语，特别是关键词的影响。因此，对一些关键词语的翻译要"活用词典"，切不可生搬硬套词典中的词义。通过逻辑思维，将源语文本融会于心；通过综合分析，取以恰当的词语表达。

5．遵守商务名词术语翻译规范化原则

译名要符合科学性与约定俗成的习惯，例如，nylon（尼龙）不能译为"耐论"，speculate in share（炒股）不能译为"探索股份"，术语 Old Lady（英格兰银行）不能译为"老太太"。译者要准确区分不同专业术语，做到正确筛选使用。

商务英语翻译必然会面临着文化差异的问题。处理英汉语言差异在很大程度上取决于译者对东西方文化的理解和把握，以及对文化的载体——语言的理解和把握。商务英语翻译涉及多种文体特征和体裁，面对着多种多样的人群，因此，也更能体现出两种语言及文化之间的差异。在应用直译与意译两种翻译方法的同时，时刻关注两种语言及其文化之间的差异有助于翻译质量的提高，更好地做到"信、达、雅"。

第六章 跨文化视角下商务英语的语言特征

经济全球化的深入发展使国际商务活动日益频繁，商务英语在国际商务活动中的重要作用更加突出，社会对全能型商务英语人才的需求也在不断增加。在这样的时代背景下，分析商务英语的语言特征，切实提高商务英语的综合运用能力，就具有很强的现实意义。本章对商务英语的词汇、句法、语篇与修辞特征进行分析。

第一节 跨文化视角下商务英语的词汇特征

词汇是构建当代商务英语大厦的砖石，了解商务英语的词汇特征是正确运用商务英语的前提。现代英语词汇量大、词义丰富，一词多类、一词多义、一词多用的现象比比皆是。随着外向型经济的发展，我国在更大程度上与国际接轨，并参与国际合作及竞争，因此，商务专业英语在商务领域的实际应用范围也越来越广泛。商务英语是一种以职业为目的的英语，需要参与者用英语来完成所有或部分的工作职责，具有较强的实用性、知识性和专业性。作为一种社团方言的商务语言，其专业词汇数量大，应用范围广，其词语体系主要由商务专业术语、商务工作常用词语和民族共同语中的其他基本词及非基本词构成，而其中的商务术语是商务语言词汇体系中重要的组成部分。

一、专业术语丰富

商务英语属于应用性语言学科，它涉及国际贸易、营销、金融、广告、物流、保险和法律等多个领域，涵盖了各领域的专业术语。专业术语是指适用于不同学科领域或专业的词，是用来正确表达科学概念的词，具有丰富的内涵和外延。专业术语要求单义性，排斥多义性和歧义性，且表达专业术语的词汇都是固定的，不得随意更改。商务英语拥有数量可观的专业术语，这些术语体现了明显的行业知识。如国际贸易方面：free on board（离岸价）、standby letter of credit（备用信用证）、letter of guarantee（银行保函）；经济学方面：gross national product（国民生产总值）、demand curve（需求曲线）、bond yield（债券收益）、comparative advantage（比较优势）；金融方面：fiscal deficit（财政赤字）、contract curve（契约曲线）、to ease monetary policy（放松银根）；营销方面：attitude tests（态度测试）、market share（市场份额）、aftersales service（售后服务）；保险方面：Absolute Liability（绝对责任）、Force Majeure（不可抗力）、Risk of Breakage（破碎险）；广告方面：appeal（诉求广告）、audience share（受众份额）、media mix（媒介组合）等。

商务专业术语与商务语言使用中的民族共同语中的其他基本词和非基本词相比，有其自身的专业特点，归纳起来有以下几点：

（1）词义的单一性和对义性

至少在一个学科领域内，一个术语只表达一个概念；同一个概念只用同一个术语来表达，即理论上讲的"一词一义"。因此，在具体运用过程中，任何人在任何情况下都必须对其有同样的解释。商务专业术语的单一性主要表现在两个方面，一方面每个专业术语所表示的都是一个特定的商务概念，在使用时不能用其他任何词语替代。例如，在英语中 credit standing（资信状况）不能用 position 代替 standing；standby credit（备用信用证）不能用 spare 代替 standby。汉语也是如此，"资信"不能说成"诚信"，"备用"不能说成"零用"。另一方面某一个专业术语即使在民族共同语中属于多义词，在商务专业英语中也只保留一个义项。例如，listed company（上市公司），list 在英语中解释为"清单""记入名单"，而在商务专业英语中，它解释为"上市的"。又如，claim for damage（要求损害赔偿金），claim 在日常英语中意为"声称""断言"，而在保险专业英语中，它意为"索赔"。汉语也是一样，例如，停止参加某个项目可以说"放弃"；但如果中途不参加保险了，都说"退保"，而不说"弃保"。

词语的对义性是指词语的意义互相矛盾、互相对立或互相关联，即词语所表示的概念在逻辑上是一种矛盾或关联。在民族共同语中，这类意义相反或对应的词属于反义词或关联词的范畴，在商务语言中称之为对义词。商务工作常常需要借助一组表示矛盾、对立的事物或表示对立的商务活动的词语，来描述各种互相对立的商务活动的性质或进展。所以，在商务专业术语中，英语和汉语都有一些反义/对义词。例如：

supply/demand	供应/需求
premium/discount	升水/贴水
bear market/bull market	熊市/牛市
surplus/deficit	过剩/短缺
assets/liabilities	资产/负债
inflation/deflation	通货膨胀/通货紧缩
appreciation/depreciation	升值/贬值
spot transaction/forward transaction	现货交易/期货交易

关联对义词是指两个相互对应的词在词义上不一定是严格意义上的反义词，但是它们在含义上有明显的联想意义和对比意义，表示着相互关联的一类商务现象或概念。在这一点上，英语和汉语也有一致性。例如：

fiscal policy/monetary policy	财政政策 / 货币政策
preferred shares/ordinary shares	优先股 / 普通股
preloss/postloss	损失发生前的 / 损失发生后的
insurer/insured	承保人 / 投保人

商务专业术语中的这种对义现象是由商务活动本身的性质所赋予的。因为商务活动中的双方往往是远近、优劣、强弱等或对立或关联的两个方面，这就决定了商务专业术语中不可避免地存在大量的对义词。

（2）词语的类义性和简约性

类义词是指意义同属某一类别的词。一般来说，类义词所共有的类别意义为类概念，表示类概念的词被称为上义词；归属于同一义类，分别表示同一类概念之内的若干种概念的词被称为下义词。英汉商务专业术语中存在大量的类义词是其又一大特点。例如，transaction（交易）可作上义词，它所包括的 deposit money，draw money，settle an account，exchange foreign currency 等为其下义词。又如，insurance（保险）可作上义词，它所包括的 liability insurance，property insurance，health insurance，travel insurance，self-insurance 等为其下义词。类义词是概念划分的产物，其在汉语中的表达也与此类似。商务专业术语中存在类义词的现象，是因为商务活动面向的是整个社会，接触的范围包括全体公民、各类机构、团体等，表示其商务关系的概念也就必然有大有小，层次上有类有种。在使用这些概念的过程中，为了明确其外延的范围，就必须从不同角度、不同层次上根据其各自不同的属性进行划分，然后用适当的词语加以确定，以避免扩大或缩小概念的内涵。这样，就产生了不同层次上的类概念和种概念，而表示这些概念的词语就是不同层次上的类义词。

典型的商务语体是一种明确可靠且具有权威性，能用来管理商务活动、调节市场的语言，它由专家按照固定的模式加以编制并进行解释。因此，商务术语还有简约的特点，其突出的表现就是缩略词的大量运用。与此同时，随着网络技术的高速发展和商务竞争的白热化，远隔重洋的买卖双方可以通过视频电话、发送电文等方式进行商务谈判，这就要求语言简明扼要、便于记录和记忆。为此人们创造了大量缩略词，广泛应用于招商引资、劳务输出、国际贸易、国际金融、国际经济技术合作、国外旅游、海外投资等商务领域。缩略语造词简练、信息容量大、使用方便，能用比较少的词语传达更多的信息。例如：

EPS（earnings per share）	每股收益
VAT（value added tax）	增值税

FPA（Free from Particular Average）	平安险
CAR（Contractor's All Risk）	建筑工程一切险
AAR（against all risks）	全险
BSC（bunker surcharge）	燃油附加费
CAT（catalogue）	商品目录
D/A（documents against acceptance）	承兑交单
D/O（delivery order）	提货单
FOB（free on board）	离岸价格
P.O.D.（pay on delivery）	货到付款
S/O（shipping order）	装货单

缩略语造词简练、信息量大、使用方便，能用比较少的词语表达出丰富而复杂的内容，传达更多的信息。在使用缩略语的时候，有一点必须注意，即有些缩略语在不同的语境中会有不同的指代。例如，TSE 既可以指 Tokyo Stock Exchange（东京证券交易所），也可以代表 Toronto Stock Exchange（多伦多证券交易所）。

（3）词语的历史性和与时俱进性

语言是社会现象，是全民的、没有阶级性的。语言在人类社会发展的一切阶段都是全民的交际工具，它是人类共同创造并使用的，对全社会统一，并且一视同仁地为社会全体成员服务。因此，作为语言的基本符号，语言中的一些词汇从古至今一直被沿用，商务活动中同样选用了一部分之前的商务术语。例如，汉语中的"租赁""折旧"等，英语中的lease，bill 等。社会沿用这些"旧"的商务术语，是因为它们在长期的使用过程中已经具备了公认的特定含义，没有必要另外创造新的术语。另外，在有些情况下，如果硬性改换沿用已久的术语还会造成错误。例如，在银行业务术语中"票根"应该是 drawing advice（开票通知），但如果改成 counterfoil，表面上似乎正确，事实上却有了本质的区别，因为counterfoil 表示票据开出或撕下以后保留的存根。此外，商务英语多涉及商务函电、经贸合同和各种协议，由于这些文本对买卖双方均有法律效力，为体现法律的权威性和严密性，用词要正式、规范、严谨，甚至经常使用一些在其他英语语体中很少或不再使用的古体词。其中出现最多的是以 here，there，where 为词根，分别加上 after，at，by，from，in，of，to，under，upon，with 等一个或几个介词共同构成的复合副词。例如：

hereafter	自此	hereby	特此，兹
herein	于此	hereof	在本文中，关于这点
hereto before	迄今为止	hereupon	随即
thereafter	其后	thereby	由此

therein	在其中	thereinafter	在下文中
thereof	其中	thereon/upon	在其上
thereto	随附	there under	在其下
whereas	鉴于	whereby	凭借
wherein	在那儿	whereof	特兹

这类词多见于商务合同文本中。在英语商业文书中，常常用到严谨而规范的书面语，这些虽然用词正规却显得累赘。例如，"acknowledge""advise""utilize""by means of""in view of"。此外，常以短语代替单个词的使用。例如，"true facts""my personal opinion"，而对应的汉语却很精练。因此，在汉语商务文书中，常可见到以"系""度""拟""予"等古词语构词，以及"洽商""鉴于""函告""查收"等合成动词。例如，We feel that the price you quoted is to be found on the high side，with a view to the long friendly relations between us，we may accept a 10% reduction in price。译文：我方觉得你方所报价格偏高，鉴于我们之间的长期友好关系，我方还是可以接受贵方下调 10% 的价格。

十九世纪以来，人类在自然科学和社会科学方面取得了突飞猛进的发展，新思想、新产品不断涌现。科学的发展必然在金融领域体现出来，随之而来的就是新的商务术语的出现。例如：

e-bank	电子银行	e-commerce	电子商务
e-money	电子货币	cyberstore	网店
cybershopping	网上购物	cybercard	网卡
cyber-trade	网上交易		

随着社会的不断发展和国际交往的日益频繁，我国的商务体系必将进一步健全、完善和发展。在这一过程中，不可避免地要借鉴西方国家先进的经验，援用其在商务工作中使用的某些商务术语，尤其是国际交往中通用的商务术语，如"破产""法人"等。

例 1：If all the terms and conditions in the credit are not complied with，the exporter may ran the risk of his draft being dishonored by the bank.

译文：如果信用证的条款不一致，出口商的汇票有可能遭到银行拒付。

解析：该句中"terms and conditions""credit""draft"和"dishonor"均为国际贸易术语。其中，"terms and conditions"意为"条款"；"credit"在此句中表示"信用证"；"draft"意为"汇票"；"honor"在商务英语中是"兑现、承兑"的意思，而此句中的"dishonor"是"honor"的反义词，是指"不兑现、拒付"，而不是"玷辱、使蒙羞"之意。

例 2：For payment：please send draft for acceptance，at maturity we will cover you in accordance with your instructions.

译文：付款：请将汇票交我方承兑，到期时，我们将按照贵方的要求向贵方付款。

例 3：Insurance on the goods shall be covered by us for 110% of the CIF value，and any extra premium for additional coverage，if required，shall be borne by the buyers.

译文：将由我方按照到岸价的发票金额 110% 办理该货的保险，如果需要，额外增加的保险的费用将由买方承担。

解析：例 2 中，"cover" 出现在支付的语境中，表示"付款给某人、支付……费用"，可译为"支付、付款给某人"。在例 3 中，"cover" 出现在保险语境中，表示"投保……险、对……保险"。"coverage" 为 "cover" 的派生词，作名词，在保险业中的含义是"保险、险别、投保"，例如，Risks 和 Coverage "险别"，increasing coverage/extending coverage "加保"，renewing coverage "续保" 等。

可见，在商务英语中，商务术语的使用范围十分广泛，有些术语仅仅出现在特定的商务文体中，还有很多的商务术语是普通词汇在商务文体中的专用，其在不同的商务场合具有不同的含义。因此，在翻译时，要根据该术语出现的具体语境，在充分理解其在句子中的特定含义的基础上，结合一定的商务知识，灵活地选用恰当的汉语词汇来表达。

二、多用模糊修辞

模糊修辞并不是指词汇意义模棱两可或具有歧义，而是一种特殊的选词方法。模糊修辞的运用没有明显的目的性，有利于表达弦外之音，缓解双方的尴尬从而为商务洽谈留下可回旋的余地。

例 1：What you mentioned in your letter in connection with the question of agency has had our attention and we shall give this matter careful consideration and shall revert to it later on.

本例中的 has had our attention（予以注意），shall give this matter careful consideration（将予以认真考虑）和 revert to it later on（以后再谈）均属于模糊修辞。这种表达方式既没有明确同意，也没有明确拒绝，而是巧妙地将现在难以回答的问题推脱掉，一方面利于对方的接受，另一方面也为后续的合作打好基础。

例 2：As for goods Article No.120，we are not able to make you orders because another supplier is offering us the similar quality at a lower price.

若直接点明对方价格偏高，很可能使对方难以接受。本例婉转地使用 another supplier（另一供货商）来向对方暗示自己的态度，从而避免了尴尬局面。

三、缩略语现象普遍

英语缩略（语）用简单的几个字母可以表达出复杂的含义，具有言简意赅、快速捷达的特点。国际商务活动是一种跨国活动，随着电报、电话和电传的发明，国际贸易、国际金融、国际经济合作等得到了迅速的发展，远隔重洋的双方用电话交谈、发送电文，均要求简明扼要，便于记录和记忆。尤其是在全球经济趋向一体化的今天，为了省时节费，提高办事效率，人们在交际中力求方便快捷、言简意赅。因此，商务语域里的人们创造并使用着大量的缩略语。例如，IMF（International Monetary Fund）"国际货币基金组织"；ADB（Asia Developing Bank）"亚洲发展银行"；SHIPMT（shipment）"装运、装船"；MEMO（memorandum）"备忘录"；PRO（professional）"专业人员"等。商务英语缩略语的构词方法很多，其简化方式，概括起来主要有如下几种。

（1）首写字母构成的缩略语

这种缩写法多用大写字母，字母之间可用或不用缩写号。这是一种最常见的缩写法，常常用于组织名称、票据名称、作品名称、说明书和价格术语等专有名词的缩写，一般按字母读音。例如：

NIC（National Information Centre）	国家信息中心
ISP（Internet Service Provider）	网络服务商
BE/B.E.（bill of exchange）	汇票、交换券、国外汇票
EMP（European Main Port）	欧洲主要港口
EEC（European Economic Community）	欧洲经济共同体

（2）谐音缩略法

这种缩写法是根据单词的发音，用一个或数个字母来代替。利用同音或近音字母组成缩写词。这种缩写法常用于单音节词和少数双音节词转化为同音字母的缩写词，按拼音或字母读音。例如：

BIZ（business）	商业、业务、交易、生意
R（are）	是（或助动词）
U（you）	你
UR（your）	你的
WUD（would）	会、情愿
THRU（through）	通过，经过
OZ（ounce）	盎司

（3）截词缩略法

截词缩略法是通过截略原词的一部分构成缩略语的方式，这是缩略语最常用的构词方法。截词缩略法可细分为以下几种情况：

第一，保留字首、去掉字尾来缩写，即一个单词，只保留头几个字母，去掉后面的字母。如果是词组，则取各个单词的头一个或几个字母组成缩略语，例如：

ACK（acknowledge）　　　　承认；告知……已收到

BAL（balance）　　　　　　余额

INV（invoice）　　　　　　发票

PRO（professional）　　　　专业人员

ASAP（as soon as possible）尽快

AKA（as known as）正如你所知

第二，取单词的首尾字母，去掉其中间部分组成缩略语，即去中间，留两头。

例如：

AMT（amount）　　　　　　数量

AIRD（airmailed）　　　　　已通过航空邮件寄出的

FRᵀ（freight）　　　　　　货运

LN（london）　　　　　　　伦敦

第三，取合成词的两部分中的第一部分。

例如：

micro（micro computer）　　微型计算机

post（post code）　　　　　邮政编码

第四，取几个词的首部组合而成。

例如：

INCOTERMS（International Commercial Terms）　　国际贸易术语解释通则

Contac（continuous action）　　　　　　　　　　"康泰克"感冒药

Nabisco（National Biscuit Company）　　　　　　美国饼干公司

第五，以辅音为核心组成缩写词。以辅音为核心构成的缩写词（并列的两个相同的辅音字母只用一个），这类缩写法主要用于单词的缩写。它包括：利用所有的辅音字母构成缩写词；利用词首的元音字母和其后所有的辅音字母构成缩写词；利用单词的第一音节和第二音节的第一辅音字母构成缩写词；利用第一和第二音节及第三音节的第一辅音字母构成缩写词；利用第一音节和其后所有的辅音字母或部分重要的辅音字母构成缩写词；利用单词首尾两个辅音字母构成缩写词；利用每个音节的第一辅音字母及该词的最后一个辅音字母构成缩写词等。这类缩写词可用大写字母，也可用小写字母，或用大写字母带出小写字母。这类缩写词一般按字母读音，也可拼读。例如：

MKT（market）　　　　　　市场

PCS（pieces）　　　　　　　匹、件、块、片、张、部分

PLS（please）	请
ACDNT（accident）	事故、意外事故
INFM（inform）	通知、向……报告

（4）符号缩略法

符号缩略法是指用符号来代替相应单词的方式，这种方法形象简洁、一目了然，使用范围也十分广泛。这类缩略语通常用于表示单位，例如：

货币单位 $（dollar）/ £（pound）/ ￥（RMB）

（5）代号缩略法

代号缩略语找不到原词的痕迹，它们实际上是一种代号，例如：

C（medium narrow）	中号窄幅——男鞋宽度
F（with free-board）	限制吃水的——海运
Z（Greenwich Mean Time）	格林威治平均时

（6）利用外来语构成缩略语

外来语的缩略语在英语中也有很广泛的应用范围。在英语中，借用外来语的缩略语有借自于拉丁语、西班牙语、瑞典语、挪威语、法语、德语等语种。例如：

CONG（Congius）	加仑（拉丁语）
LO（LandsorganisasjoneniNorge）	挪威工会联合会（挪威语）
FIL（FeiraInternacionaldeLisboa）	里斯本国际博览会（葡萄牙语）

商务英语缩略语和自然词交织在一起使用，和普通英语词汇一样，缩略语具有同等的句法功能，但习惯上不用作谓语。

四、名词化现象

商务语篇有明显的互文性，它将多种语类混合在一起，与其他类型的语篇相比，在正式程度上有区别，而越正式的书面语，使用的名词就越多。因此，符合书面语、正式语体的表达需要的名词化结构在商务语篇中大量存在。名词化结构可以压缩冗长的概念、定义、法律条文、契约条款等，使之成为意义更加明确、概括更加全面的陈述。另外，名词的结构还可以体现各种事件的逻辑关系，或创造形容词的空间，使之成为更有条理、更加生动的描述。例如：

例 1：① If the contracting parties are scarce dispute with each other，they shall settle the disputes through...

② Should there be any dispute between the contracting parties，they shall be settled through...

译文：缔约方之间产生的任何纠纷，应该通过……解决。

解析：在①句中，"dispute with each other" 体现了过程；在②句中，名词化的 "dispute" 虽有 "to dispute with each other" 的过程意义，但已省略了过程的执行者。这样语义上就具备了客观性、公正性和简洁性，符合商务合同文体的特殊交际用途。

例 2：① That the resources are scarce will lead to more rationing of services and hard choices.

② Scarcity of resource will lead to more rationing of services and hard choices.

译文：由于资源缺乏，服务行业将更多地实施限额配给，人们将面临艰难的抉择。

解析：在②句中，名词化结构作句子的主语，"Scarcity of resource" 相当一个简化了的主语从句 "That the resources are scarce"。相比之下，②句的语言更加简洁。

例 3：An increase in savings will result in a greater supply of money, shift the supply curve to the right and establish lower interest rates.

译文：储蓄的增长使货币的供应量增加，导致供应曲线右移，利率下降。

解析：句中的 "An increase in savings" 是名词化词组，充当了句子的主语，还用于体现因果关系。

例 4：Restrictions require a minimum monthly repayment, at present 3 percent of the balance outstanding.

译文：条例规定要求每月最低还款金额为目前每月偿还余额的 3%。

解析：句中的两个名词化结构 "restrictions" 和 "repayment" 虽有 "to restrict" 和 "to repay" 的过程意义，但已省略了过程的执行者，在语义上就具备了客观性、公正性和简洁性，符合商务英语文体的特殊交际用途。

五、具有商务内涵的普通词

不少普通的词语在商务英语中被赋予了专业词汇的意义。例如，proposal form，在日常英语中 proposal 意为提议、提案，在保险英语中被引申为投保单；policy 在日常英语中的中心意义是政策、方针，但作为保险专业词汇时意为保单；pool 由池塘转义为组合基金，common pool 意为共同基金。

此外，在商务合同中，一些表示通常意义的词也可能具有非常意义，如表 6-1 所示。

表 6-1　通常意义的词可能具有的非常意义

商务合同词	通常的意义	商务合同中的意义
action	行动	诉讼
alienation	疏远	转让
assign	分派	转让
avoidance	逃避	宣告无效
construction	建筑	解释
defense	防卫	抗辩（理由），被告方
determination	确定	终止
discovery	发现	调查证据
dishonor	耻辱	拒付
distress	危难	扣押货物
execution	执行	（合同等的）签订
limitation	限制	时效
omission	省略	不作为，不行为
prejudice	偏见	损害
satisfaction	满意	清偿，补偿
specialty	专长	盖印合同
subject matter	主题	标的物

对这类词语，在翻译时必须特别关注。例如：

例 1：The compensation will cover the whole loss.

译文：此项赔款足以抵消全部损失。

例 1 中的 "cover" 在普通英语中表示 "覆盖、包括" 等含义，而在商务英语中则表示 "清偿、抵消" 之意。

例 2：When opening new accounts, it is our practice to ask customers for trade references.

译文：在开立新账户时，该公司有一例行公事，即向客户要求商业证明人。

例 2 中的 "references" 在普通英语中作 "关于、参考" 解释，但在商务英语中指 "信用、能力等的证明人"。

例 3：We have to request you to do business on the basis of confirmed, irrevocable L/C payable at sight.

译文：我方不得不要求你方在保兑的、不可撤销的即期信用证的基础上进行这笔交易。

例 3 中的 "confirmed" 和 "at sight" 在普通英语中的意思分别为 "确认" 和 "看见"，但在商务英语中却有着特殊的含义，在此句中，分别指 "保兑的" 和 "即期的"。

六、新词汇层出不穷

近年来，社会的发展速度逐渐加快，新生事物层出不穷。为了满足表达的需要，新词新语不断涌现并渗透到语言的各个领域中。商务英语也必然将这些新的词汇吸收进来，以使其表达更加丰富、准确。例如：

B2B（business to business）	商业机构对商业机构的电子商务
C2C（consumer to consumer）	消费者之间的网上交易
credit-crunching	紧缩信贷
deflation	通货收缩
E-business	电子商务
euro	欧元
knowledge-based economy	知识经济
pink-collar worker	粉领
rebuilding of stocks	吃进库存
soft-landing	（经济的）软着陆

需要注意的是，任何一种语言中的新词汇都不是凭空而来的，很多都是以普通词汇为基础并遵循一定规律构成的。因此，在理解这些新词汇时必须考虑具体的语境因素。

例 1：Our company has a clean balance sheet and is confident the bank will approve a loan.
我们公司的资产负债表上没有债务，相信能获得银行的贷款。

例 1 中，"clean"的本义是"干净的"，但在本句中其具体含义为"没有债务"。

第二节　跨文化视角下商务英语的句法特征

一、商务英语的表述

与日常英语相比，商务英语的表述追求准确和严密，其突出的特点是客观公正、不带主观色彩。因而句子中人称主语出现得较少，被动语态使用较多，无人称的使用突出了文本的内容而不是强调文本的产生者和接收者，可以避免给人以主观臆断的感觉，使文本表现得更为客观、正式、真实可信、语气更加委婉。

例 1：Business contracts can be classified according to their validity into several categories：valid，void，avoidable or illegal.

译文：商务合同按照其效力不同可以分为以下几种：有效的、无效的、可撤销的、违法的。

同时，在没有具体人物执行某一动作，或表达重点在于动作本身而不在动作执行者的情况下，将动词转化为抽象的名词可以体现出商务合同英语庄重和固定的文体特点。名词化结构既语言简练，结构严谨，表意简洁，同时也保证了文本的客观真实，因此名词化结构的使用范围日益广泛，它不仅"挤掉"了其他一些词类，而且代替了很多语法结构。例如，Smuggling of goods whose import or export are subject to prohibitions，which constitutes criminal offences，shall be subject to...（走私禁止进出口的货物，构成犯罪的，依照……）

汉语属于意合语言，重视内在的逻辑关系而不是形式的屈折变化，在语态上表现为受事格施事化倾向。大部分情况下，汉语靠主动句的语义逻辑来显现被动意义，按照东方人的思维方式，即使是受事者做主语，也常用主动形式来表达被动意义。例如，"项目做好了""合同完成了"等。由于汉语中被动结构用得较少，商务翻译时，在遣词造句方面应注意原文的语气特点，努力保持英语中被动结构体现的礼貌、委婉和严谨，传达出被动语态的语用功能。

例2：Your firm has been recommended to me by Mr Charles，with whom we have done business for many years.

译文：与贵公司有多年生意来往的查尔斯先生向在下做了大力推荐。

例3：Your early reply will be highly appreciated.

译文：如蒙早复，不胜感激。

例4：The workers have been given a clear mandate for industrial action over the re-negotiation of employment contracts.

译文：工人们得到了明确授权，准许他们围绕就业合同重新开始谈判并采取行动。

例5：After the said license is approved，we shall establish an L/C in your favor.

译文：许可证获准后，即开立以你方为受益人的信用证。

二、商务英语基本句型

商务英语基本句型是通过特定的研究方法对英语语言中的句子进行概括后所得到的模式。这些模式是语言使用者普遍使用，并可以作为规则加以习得，然后通过对这些有限的基本句型直接生成或进行转换、扩展，产生各种不同结构的句子，从而达到交流的目的。商务英语句型结构是以动词为核心，通过词与词之间的关系组合来生成不同的类型。

（一）商务英语简单句

只包括一个独立分句的句子就是简单句。换句话说，简单句里只包含一个"主语"与

"谓语"的组合,即一套主谓结构。根据动词与搭配关系的不同,商务英语简单句又可以细分为五种:主谓结构、系表结构、主谓宾结构、主谓双宾结构、主谓宾宾补结构。

1. 主谓结构

主谓结构的框架是:subject(主语)+intransitive verb(不及物动词)。

在主谓结构的简单句中,谓语常与一些副词、副词短语或介词短语搭配在一起且不能带宾语。

例 1:In other developing regions, export volumes grew at a more moderate pace, close to that of the G-7, but gains from the terms of trade boosted the purchasing power, and consequently their imports. Overall, the share of developing countries in global trade rose from 29 percent in 1996 to 37 percent in 2006.

本例的第二个句子中,"share"是主语,"rose"是不及物动词。

2. 系表结构

系表结构的框架是:subject(主语)+link verbing(系动词)+subject complement(主语补语)。在系表结构的简单句中,主语补语又称"表语"。具体来说,介词短语、形容词、名词、动词不定式或分词等都可以充当表语。

例 2:Among the developing regions, East and South Asia were clearly the most successful in increasing exports(by volume), at rate of about 160 percent, despite a deterioration in their terms of trade.

本例中,"East and South Asia"是主语,"were"是系动词,"the most successful"是主语的补语。

3. 主谓宾结构

主谓宾结构的框架是:subject(主语)+monotransitive verb(单宾动词)+ object(宾语)。本句型的谓语动词是及物动词或动词短语,宾语是动作的承受者或结果。能作宾语的有:名词、代词、动名词、动词不定式或从句等。

例 3:IT systems and administration, and the resulting synergies and economies of scale will produce cost savings;strengthen the financial position of the integrated market operator.

本例中,"IT systems and administration","and the resulting synergies and economies of scale"是主语,第一个单宾动词"will produce"后面跟"cost savings"作宾语,第二个单宾动词"(will)strengthen"后面跟"position"作宾语。

4. 主谓双宾结构

主谓双宾结构的框架是:subject(主语)+ditransitive verb(双宾动词)+ indirect object(间接宾语)+direct object(直接宾语)。

在主谓双宾结构的简单句中，宾语有两个，一个是直接宾语，另一个是间接宾语，二者缺一不可。需要注意的是，直接宾语有时可以位于间接宾语之前，此时在间接宾语前应使用相应的介词。

例 4：Under the agreement，American Express Bank will sell \$630 million worth of mortgages to the HKMC Funding Corp a special purpose company set up to buy mortgages from banks under the MBS program.

本例中，"American Express Bank"是主语，"will sell"是双宾动词，"\$630 million worth of mortgages"是直接宾语，"HKMC Funding Corp"是间接宾语。

5. 主谓宾宾补结构

主谓宾宾补结构的框架是：subject（主语）+complex transitive verb（复合动词）+object（宾语）+object complement（宾语补语）。

在主谓宾宾补结构的简单句中，宾语与宾语补语之间存在一种逻辑上的主谓关系。

例 5：Investor Participants may still instruct HKSCC Nominees through the CCASS Phone System to vote on their behalf by inputting the voting instructions in respect of their shareholdings.

本例中，"Investor Participants"是主语，"may instruct"是复合动词，"HKSCC Nominees"是宾语，"to vote"是宾语补语。

（二）商务英语并列句

英语的并列句主要由并列连词 and，but，or，than 等把两个或两个以上简单句连接起来，各分句之间是一种平行或并列关系。概括来说，商务英语并列句包括三个类别：表示关联的并列句、表示列举的并列句、表示让步和结果的并列句。

（1）表示关联的并列句

表示关联的并列句通常由 and，both ... and ...，either ... or ...，neither ... nor ... 等并列连词将两个或两个以上的分句连接在一起。

例 6：In 2008，China's total export volume of juice beverage decreased to 794000 tons and the export value reached USD 1.26 billion，dropping by 30.4% YOY and 7% YOY separately.

（2）表示列举的并列句

表示列举的并列句通常由 namely，that is，such as，for example，for instance 等词组来进行列举。

例 7：Apart from the products of several enterprises such as Huiyuan，Coca-Cola and Pepsi that sell well all over China，most other enterprises can only sell their products in regional markets.

（3）表示让步和结果的并列句

表示让步和结果的并列句常使用 yet，but，hence，however，therefore，consequently 等连接词。从语义角度来分析，后面的分句是前面分句的某种结果，或者分句之间存在一定的语义冲突。

例 8：It is clear that，to date，only a small number of developing countries and economies in transition are participating in the process of R&D internationalization. However，the fact that some are now perceived as attractive locations for highly complex R&D indicates that it is possible for countries to develop the capabilities that are needed to connect with the global systems of TNCs.

（三）商务英语复合句

复合句是由主句 + 从句构成，它是英语中比较复杂的句子结构。一般来说，英语中一个句子只能有一个主谓结构或动宾结构，如果出现两个主谓结构或动宾结构，那么其中一个主谓结构或动宾结构只能以从句的形式或并列句或分词短语的形式出现。所谓从句是指从属于主句的句子，它是主句中的一个句子成分，另外从句必须由引导词即关系代词或关系副词引导。

概括来说，商务英语复合句中的从句主要包括三种：名词性从句、定语从句和状语从句。

1. 名词性从句

宾语从句、表语从句、主语从句、同位语从句等都属于名词性从句。一般来说，名词性从句由疑问代词（如 what，who 等）和疑问副词（如 where，when，how，why 等）来引导。在某些情况下，if，whether 等连接词也可以用来引导名词性从句。

例 9：The Committee members discussed the issue of uses of balance of payments statistics in their various countries and suggested that further work be undertaken by IMF.

本例中，"The Committee members discussed ... and suggested ..." 是主句，"that further work be undertaken by IMF" 是 "suggested" 的宾语从句。

2. 定语从句

当一个句子在复合句中作定语时，这个句子就是定语从句。定语从句常由 which，that，whose，who，whom，where，when，why 等来引导，其中最常用的是 which 与 that。

定语从句所修饰的词叫先行词。根据定语从句与先行词之间亲疏关系的不同，定语从句可以分为限制性定语从句和非限制性定语从句。

（1）限制性定语从句。限制性定语从句对所修饰的先行词起限制作用，与先行词的关系较为密切。换句话说，如果缺少定语从句，主句的意思就不完整或者会出现逻辑错误。

因此，限制性定语从句紧跟先行词，二者之间不能使用逗号。

例 10：The purpose of the Joint Venture is to adopt advanced technologies and efficient management systems to produce Licensed Product which shall be of top quality and competitive in the world markets，so as to achieve satisfactory economic returns.

（2）非限制性定语从句。非限制性定语从句对先行词不起限制作用，只是对被修饰语加以叙述、描写或解释，通常用逗号隔开。将非限制性定语从句删除后，主句的意义几乎不受影响。因此，非限制性定语从句与先行词之间常通过逗号进行分隔。

例 11：A Hainan Airlines baggage attendant decided that his personal signature would be to collect all the luggage tags that fall off customers' suitcases，which in the past have been simply tossed in the garbage，and in his free time send them back with a note thanking them for flying Hainan. A senior manager with whom I worked decided that his personal signature would be attaching Kleenex to memos that he knows his employees won't like very much.

3. 状语从句

当一个句子在复合句中作状语时，这个句子就是状语从句。具体来说，商务英语中的状语从句主要包括条件状语从句、时间状语从句、原因状语从句、目的状语从句、让步状语从句、结果状语从句等。

（1）条件状语从句。条件状语从句是表示主句动词发生的前提或条件的从句。条件状语从句分为真实条件状语从句和非真实条件状语从句。引导条件状语从句的有 if(如果)，unless(如果不)，as(so)long as(只要)，on condition that(条件是……)，in ease(假使)，provided/providing that(如果，只要，假如)，suppose/supposing that(如果，只要，假如) 等。

例 12：If any change is required regarding the terms and conditions of this agreement，then both parties shall negotiate in order to find a suitable solution，provided，however，that any change of this agreement shall be subject to the approval by the government of both parties.

（2）时间状语从句。时间状语从句常由一些表示时间的连词如 when，before，after，as，while，since，until 等引导，用来对某一动作发生的时间进行描述。

例 13：After we checked the L/C carefully，we request you to make the following amendment："Partial Shipment and Transshipment Allowed."

（3）原因状语从句。原因状语从句常由 because，since，as，for 等表示原因的连词来引导，用来说明主句表达的内容的理由与根据，或说明主句动词所表示的动作或状态的原因。

例 14：Because small foreign cars could be produced at less cost than the larger cars made in the United States，they captured a significant share of the American market. To compete with foreign cars，American manufacturers began to produce compacts. When the U.S. dollar was devalued on the international market, the cost of a foreign car to an American buyer rose proportionately, and the American compacts could now be sold for less than their foreign competitors.

（4）目的状语从句。目的状语从句常由 so that，in order that，to the end that 等来引导，用来说明主句状态或动作的目的。

例 15：An effective management will review on a regular basis whether they should continue to hold the security or sell it. Thus, in order that management's performance can be measured, it is appropriate to classify the security as other investment regardless of the period of holding and carry it at fair value in accordance with paragraph 24.

（5）让步状语从句。让步状语从句表示在某种相反的条件下，主句中的情况依然会出现。引导让步状语从句的有 although/though（虽然），while/as（尽管），even if/though（即使），whatever/no matter what（无论什么），whenever/no matter when（无论什么时候），however/no matter how（无论怎样），wherever/no matter where（无论在哪里），whoever/no matter who（无论是谁），whichever/no matter which（无论哪一个），whether ... or（不论……还是）等。

例 16：although，though 这两个词意思一样，都解释为"虽然，尽管"。although 比 though 正式。

① although 指事实，多用于句首，多数情况下可与 though 换用。

例 17：Although he is young, he is very clever.

译文：他尽管年轻，但很聪明。

例 18：Although his illness had prevented him from studying, he managed to pass the exam.

译文：尽管病情妨碍了他学习，但他还是通过了考试。

例 19：It was an exciting game, although no goals were scored.

译文：那是一场精彩的球赛，尽管一个球都没进（although 也可放在主句之后）。

② though 既指事实，又指设想。可用于句首、句中或句末。

例 20：Though he is poor, he is happy.

译文：他虽然穷，但很快乐。

例 21：I haven't checked the information yet, though I think it is correct.

译文：我还没有核实这份资料，但我认为它错不了。

例 22：My house, though it is large, is also made of stone and wood.

译文：我的房子虽然大，但是也是用石头和木料建成的。

（6）结果状语从句

结果状语从句常由 so ... that，such ... that 引导，用来表示主句内容所产生的结果。

例 23：The boy is so young that he can't go to school.

译文：这个男孩太小了，不能上学。

例 24：His plan was such a good one that we all agreed to accept it.

译文：他的计划非常好，我们都同意接受。

三、商务英语特殊句型

商务英语中的特殊句型主要包括比较句型、被动句型和存在句型。这些特殊句型具有表达简练、适用面广、使用频率高的特点。

（一）比较句型

比较结构表示两个人或两种物在性质、特征、程度、数量、大小等方面相等、相近、不同等概念。在国际商务实践中，运费比较、价格比较、产品质量比较以及其他数据的比较等是司空见惯的现象，因此比较句型常出现在商务英语中。根据比较点、比较范围、比较方式等方面的差异，商务英语中的比较句型可以分为五种：等比句型、差比句型、比例句型、对立比较句型和极比句型。

1. 等比句型

等比句型常通过 as much as，no less than 等比较人或物在性质、特征等方面的某些相似之处。

例 1：Meanwhile，Thai newspapers reported yesterday that HSBC will buy 75 percent of Bangkok Metropolitan Bank for as much as 40 billion baht（HK $8.03 billion）.

GREGATE CONSIDERATION Term Fat has represented and warranted that the audited consolidated net asset value of Tem Fat Hing Fung（B.VI.）Limited as at 31st December，1997（"December NAV"）will be no less than HK $56000000. In the event that the December NAV is less than HK $56000000，Tem Fat will refund to RNA an amount equal to the shortfall as an adjustment to the consideration.

2. 差比句型

差比句型用于对两个人或两种事物之间的差别进行比较，其中包括两个方面：一个是优等比较，即"甲胜于乙"，另一个是次等比较或劣等比较，即"甲不如乙"。

例 2：A broker said the counter still had strong European institutional interest. Another broker noted that in contrast to earlier in the year，HSBC was favoured more by local than European in Vestors. SmarTone dropped 5.99 percent to $20.40. It has shed 17.4 percent since

Thursday，when Hutchison Telecom made sweeping cuts to its mobile.

In the coming years，Asia is going to have to use its own savings much more productively than in the past to achieve growth.That's because there will be much less foreign savings flowing in than prior to the crisis. That's not bad news.

3. 比例句型

比例句型通常用于表示前者与后者的正向或负向比例关系，即前者与后者在程度上的变化关系。比例句型常使用 the more … ，the more … 的结构。其中，逗号前的部分是从句，关系副词 me 表示 by how much ；逗号后的部分是主句，指示副词 the 表示 by so much。

例 3 ："More important，it enhances China's international status." Party spokesman Sin Chung-kai said ："Past experience shows the more China opens up，the more been it brings to Hong Kong."

4. 对立比较句型

对立比较句型常使用 by contrast，unlike，in contrast to，on the contrary，on the opposite side 等来表示两种事物互相对立的状况。

例 4 ：The company has recruited more staff since the onset of the financial crisis. We did not lay off any staff because of the economic crisis. On the contrary，our workforce has increased by 20 percent since then. The newly recruited are brokers and information technology personnel.

5. 极比句型

极比句型表示某一种事物在一定范围内最突出或某一动作达到最高程度，通常要带一个表示范围的词组。

例 5 ：J.P.Morgan & Co.Inc.closed down 4-3/8 at 109-1/2 ；American Express Corp was down 3-1/4 at 142 and Citigroup Inc.closed off-11/16 at 43-13/16. Retail clothing chain Abercrombie & Fitch Co. was the most actively traded stock on the NYSE，falling 6-3/8 to 26-3/16 after it said October sales slumped but was still comfortable with its third-quarter profits estimates. Oil stocks had a strong day，however，as oil prices rose following a bullish report late Tuesday.

（二）被动句型

被动句的结构实质，是某事或某人是受动者，即主语要承受某种动作（指谓语动词）所施加的影响。由于被动态的结构特点，因此被动句大都用于表达事物的客观状态。如果一个句子中的主语是谓语动词所表示动作的承受者，那么主语与谓语之间就是被动关系，这个句子就属于被动句型，其基本结构是"主语 +be+ 过去分词"。

在具体的商务英语实践中，被动句型常会发生一些变形，具体包括以下 7 种。

（1）subject（主语）+verb（动词）+to be+past participle（过去分词）+ …（其他成分）。这种结构中通常有两个动词，第一个动词对句意的表达起辅助作用，并使用主动形式；第二个动词用来表达全句的主要内容，使用被动形式。

例 6：There are possible differences of objective and culture. "While bankers always want to be considered as gentlemen, they consider insurance sales staff as non-gentlemen. There are operational difficulties in getting them to work together," Mr. Westall said.

本例中，"bankers" 是主语，"want" 是动词，"to be considered" 是被动形式。

（2）subject（主语）+be+past participle（过去分词）+preposition/adverb（介词或副词）+ …（其他成分）。这种结构中的介词与副词可使句意更加准确、完整。

例 7：The International Monetary Fund has suspended talks on its bailout instalments to Jakarta, and it has been announced publicly that the Asian Development Bank will hold up further loans until the Bank Bali case is cleared up.

本例的第二个分句中，"it" 是主语，"has been" 是系动词，"announced" 是过去分词，"publicly" 是副词。

（3）subject（主语）+be+adjective（形容词）+to be+past participle（过去分词）+ …（其他成分）。这种结构属于合成谓语的被动句型。其中，"be+adjective" 起辅助说明作用，第二部分则是被动说明部分。

例 8：Hong Kong dollar due to the linked exchange rate system, would lead to further improvement in the terms of trade, that is, the ratio of export prices to import prices；but export volume growth is likely to be affected by the deterioration in export price competitiveness.

在 but 引导的分句中，"growth" 是主语，"is" 是系动词，"likely" 是形容词，"affected" 是过去分词。

（4）it+be+past participle（过去分词）+real subject（that, who, where, when 等真正主语）+clause（从句）。在这一结构中，that, where, who, when 等词引导的是真正的主语，而 it 只是形式主语。当主语过长，使用主动句易使句意重心偏离或句子结构失衡时，应使用本句型。

例 9：It is reported that Standard and Poor's, an international credit rating agency, have forecast that the percentage of bad and doubtful debts against the total amount of loans(referred to as "bad/doubtful debt ratios" below)made by banks in the territory would probably increase to more than 10 this year.

本例中，"it is reported" 构成了句子的主干，"that" 引导的句子是真正的主语。

（5）subject（主语）+be+past participle（过去分词）+object（宾语）+ …（其他成分）。这一

结构由"主谓双宾结构"转化而来。"主谓双宾结构"中的直接宾语与间接宾语都可以充当被动句型中的主语。当双宾之一充当主语后，另一宾语应在原来的位置上继续保留。

例 10：Disciplinary procedures adopted by the Commission are designed to ensure that a person is given a proper opportunity of being heard. Once the Commission makes a tentative decision to make a disciplinary order against a person he is informed by letter of the facts and circumstances upon which it is based.

在第一个句子中由"that"引导的分句中，"a person"是主语，"is"是系动词，"given"是过去分词，"opportunity"是宾语。

（6）subject（主语）+be+past participle（过去分词）+subject complement（主语补足语）+ ...（其他成分）。这一结构由"主谓宾宾补结构"转化而来。其中，"主谓宾宾补结构"中的宾语补足语相应地变为被动句中的主语补足语。

例 11：Within 7 business days after a person is appointed or ceases to be appointed as a director of a registered financier, the financier must give written notice to the Commission of the appointment or cessation of appointment and the person's name and address.

本例第一个逗号前是一个介词短语，其中包含了一个由 after 引导的时间状语从句。其中，"a person"是主语，"is"是系动词，"appointed"是过去分词，"a director"是主语补足语。

（7）subject（主语）+be+past participle（过去分词）+to be past participle（被动不定式）+ ...（其他成分）

这种结构常由 order，expect，allow，suppose，report 等担任谓语动词。因同时包含谓语动词的被动形式与动词不定式的被动形式，这一结构又被称为"双重被动句"。

例 12："We are now forecasting a lending volume of US $1.6 billion in the fiscal year of 2000,"Mr. Severino said. The reduction is expected to be attacked by World Bank critics, who are likely to argue the bank cannot insist on continued reforms by Beijing while cutting off assistance vital to such efforts.

本例第二个句子中，"the reduction"是主语，"is"是系动词，"expected"是过去分词，"to be attacked"是被动不定式。

（三）存在句型

存在句型是一种表示存在的特殊句型，以非重读 there 作引导词或形式主语，而把真正的主语放在动词的后面。谓语动词通常是主动词 be 或其他含有"存在"意义的动词的一定形式。存在句型结构模式是：there+ be+ 名词词组 + 地点状语 + 时间状语，在商务英语实践中大量使用。以 there be 句型的结构与作用为标准，商务英语中的存在句型可被分为以下几类。

（1）用来表示存在。真正的主语位于 be 的后面，且句中常包含表示时间或地点的状语，这是 There be 句型最基本的用法。

例 13：The initial margin is $13000，but the contract is valued at $1000 per index point and there is a "maintenance margin" of $10400 per lot.

（2）用来描述事物的状况。此时，主语部分是句意的重点，动词常表示"出现""存在""发生"等含义。

例 14：HK Dollar policy offers stability，better returns due to the peg system，there exists interest rate differences.

（3）用来表达某种观点。此时，句子的基本结构是"There is expected/thought/considered to ... "，谓语动词的范围限于 thought，expect，consider 等。

例 15：On the other hand，economic growth in the Mainland of China should continue to be steady. Overall，the economy there is expected to move forward in reasonable shape，with GDP rising by 8 percent this year and with the on-going process of reform and structural change adding potential for further growth.

（4）用来表示说话人的态度。其中的 be 常与助动词或情态动词构成复合谓语。

例 16：Global regulatory review and the need for reform all things considered，there must be a global regulatory review on prudential regulation. At present，too much trust has been put in segregation，capital and other prudential measures that have been shown to be.

四、商务英语句子的基本特点

（一）句式多样性

商务英语用以传递重要的商务信息，要求其具有正式、严密、严肃、庄重的文体特征，行文严谨，避免歧义。为了做到语言简洁、内容表达客观公正和有关事项描述得准确无误，商务英语中常使用大量的介词或介词短语、被动语态、祈使句、非谓语动词、情态动词以及各种从句。

例 1：Formerly，when any countries were on the gold standard and permitted the free flow of，gold out of the country，the value of their currencies in terms of other currencies could fluctuate within only a very narrow range.

译文：原先，许多国家采用金本位制，允许黄金自由流出本国时，其货币与别国货币兑换的价值浮动的幅度很小。

例 2：The international marketer must provide considerable training to the local sales force，in regard to both the product line and negotiation techniques suitable to the company's image and financial requirements.

译文：国际营销者必须培训当地的销售人员，以使产品系列和谈判技巧与公司的形象和财务要求保持一致。

例 3：Foreign exchange is a commodity，and its price fluctuates in accordance with supply and demand；exchange rates are published daily in the principal newspapers of the world.

译文：外汇是一种商品，它的价格根据供求关系而浮动，汇率每天都登载在世界主要报纸上。

解析：成语介词 in terms of，in regard to 和 in accordance with 在各自的上下文中分别可用简单介词 against，concerning(considering) 和 with 来代替，替代后句子语义丝毫不受影响，但文体意义有所不同。在商务英语中，成语介词的频繁使用使商务文体具有正规严肃、庄重严谨的特点。

被动语态的使用具有结构紧密、语义准确、表达严密、逻辑性强等特点，在商务英语中使用被动语态，而不说出施动者，能够起到突出商务信息、提高论述的客观性、少带主观色彩和增强可信度等作用。因此，被动语态的运用适宜能满足具有严肃性和庄重性特色的商务文体的需要。

例 4：Quotations and samples will be sent upon receipt of your specific enquiry.

译文：一收到贵方的具体询价，我方将马上寄送上报价和样品。

例 5：Notwithstanding the provisions of this Clause or any other Clause of the Contract, no payment certificates shall be issued by the Engineer until the performance security is submitted by the Contractor under the Contract and approved by the Employer.

译文：尽管有本条款或任何其他合同条款的规定，在承包人提交履约保证并经业主批准之前，工程师不对任何支付款开具证书。

（二）句式结构复杂

商务英语的句子有的很长，句式结构比较复杂，句中常常用插入短语、从句等限定、说明成分，形成冗长而复杂的句式结构，有时一个句子就是一个段落。

例 6：In any situation whatsoever and wheresoever occurring and whether existing or anticipated before commencement of or during the voyage，which in the judgment of the Carrier or the Master is likely to give rise to risk of capture，seizure，detention，damage，delay or disadvantage to or loss of the ship or any part of her cargo，or to make it unsafe，imprudent，or unlawful for any reason to commence or proceed on or continue the voyage or to enter or discharge the goods at the port of discharge，or to give rise to delay or difficulty in arriving， discharging at or leaving the port of discharge or the usual or agreed place of discharge in such port，the Carrier may before loading or before the commencement of the voyage，require the shipper or other person entitled thereto to take delivery of the goods at port of shipment and upon failure to do so，may warehouse the goods at the risk and expense of the goods；or the Carrier or the Master，whether or not proceeding toward or entering or attempting to enter the port of discharge or reaching or attempting to reach the usual place of discharge therein or attempting to discharge the goods there，may discharge the goods into depot，lazaretto，craft，or other place.

译文：不论任何地方任何情况，不论是在开航前或航程中存在或预料到的，只要承运人或船长认为可能有导致捕获、扣押、没收、损害、延误或对船舶或其货物不利或产生灭失，或致使起航或续航或进港或在卸货港卸货不安全、不适当、或非法，或致使延误或难以抵达、卸载或离开卸货港或该港通常或约定的卸货地，承运人可在装货或开航前要求发货人或与货物权利有关的其他人在装货港口提回货物，如要求未果，可仓储货物，风险和费用算在货主头上；承运人或船长，不论是续航至或进入或企图进入卸货港，或抵达或企图抵达港口通常的卸货地，或企图在此卸货，也可将货物卸在仓库、检疫站、驳船，或其他地方。

解析：commence 和 start 都是动词，表示"开始"，但前者比后者更为正式，因此，在法律英语中也总是被选用。为在有限的条款中完整、明确地体现商贸各方的权利和义务，商贸合同中常常使用长句。长句的频繁使用无疑增加了商贸合同逻辑的严密性和句子结构的严谨性，但也增加了理解和翻译的难度。翻译商贸合同中的长句一般采用拆句法，然后根据中国人的思维方式调整各句之间的顺序。

（三）句法的严谨性

商贸英语注意行文严谨。由于它的目的是约定商贸双方的权利和义务，所表达的内容必须完整、明确、肯定。从句法层面上讲，书面商贸英语以陈述句为主，几乎不用疑问句、省略句。另外，在商贸合同中还较多地使用被动句和长句。

被动句突出动作的承受者，对有关事物做客观描述，规定。使用被动句体现了商贸英语的严谨性。在翻译时一般将英语的被动句转换成汉语的主动句。

例 7：Party A shall be unauthorized to accept any orders or to collect any accounts on and after May 28.

译文：自 5 月 28 日起，甲方无权接受订单货账单。

例 8：The date of the receipt issued by transportation department concerned shall be regarded as the date of delivery of the goods.

译文：由承运的运输机构所开具的收据日期即被视为交货日期。

例 9：The prices stated are based on current freight rates，any increase or decrease in freight rates at time of shipment is to be the benefit of the buyer，with the seller assuming the payment of all transportation charges to the point or place of delivery.

译文：合同价格是以运行运费计算，装运时运费的增减均属买方。卖方则承担至交货地的全部运费。

例句从买方和卖方的权利和义务确定商品的价格计算，原文中以一个介词"with"来分界。在原文中"with"分句是一个状语，翻译时采用中国人平铺直叙的思维方式，用分述的方式把这个句子拆成两句，清楚地表达了原文的语言信息。

第三节　跨文化视角下商务英语的语篇特征

商务英语是在商务活动这一特殊社会语境下进行交际的工具，是社会活动的产物。语篇分析（text analysis，or discourse analysis）以在某一特定语境下使用的语言（language in use，or language as discourse）为对象，突破了传统语言学一直以"句"为最大研究单位的羁绊，焦点从形式转向意义，从微观转向宏观，从静态转向动态。自二十世纪七八十年代以来，语篇分析逐渐成为文体学的研究热点，而衔接则是语篇分析中最重要的内容之一。这里运用语言学基础理论和语料库提供的语料，在语篇这一层次上，对商务英语的衔接手段进行定量研究，以明确商务英语的语篇衔接特征。

一、语篇衔接的基本手段

在商务英语中，语篇的衔接与语篇的好坏有着密切的关系，好的语篇衔接手段可以使文章的内容更加有条理地展现出来。具体而言，商务英语中语篇衔接的基本手段包括以下几种。

（一）省略

省略指的是将语篇中的某一部分省略掉。省略也可称为"零替代"（zero substitution）。省略可以分为动词性（verbal）省略、名词性（nominal）省略和小句性（clausal）省略。

（1）名词性省略。名词性省略是将名词词组的中心词省略掉，只保留限定词或限定词加前置修饰语。

例 1：Attitude surveys focus on customers' perceptions of（ ... ），and attitudes to，products and the companies who make them.

译文：顾客态度调查主要是调查顾客对产品及厂家的认识和看法。

上例中，在"perceptions of"后面省略了"products and the companies who make them"。

（2）动词性省略。动词性省略指句子中谓语部分的省略，表现在助动词、主动词及全部动词的省略。不定式中存在的动词省略现象，亦可被视为动词性省略。动词词组可以由一个实义动词构成，也可以由助动词和实义动词一起构成。因此，动词性省略之后有的有助动词，有的没有。

例2：Under this system, the value of a currency unit was not directly fixed or defined in terms of gold but rather（ ... ）in terms of a currency which was fixed in terms of so much gold.

译文：在这种货币制度下，一货币单位值不是以黄金形式直接确定或规定的，而是以一种由含金度多少而定的货币来确定的。

上述例句中将"but rather"后面的"was fixed and defined"省略。

（3）小句性省略。小句性省略指的是将整个分句省略，小句性省略主要用于对话中，在对话中已经提到的具体内容，在后面的对话中再提及时往往将其省略。

例3：

A：Do you mean they are both named George?

B：No. One is Samuel, the other is Albert.

例句中的 B 在回答时将"No"后面的内容省略了，但是这对话语意思的理解没有任何影响。

（二）替代

替代指的是将语篇中的一个成分用另一个成分来代替的方法。替代属于语法衔接手段，替代主要利用词与词、词组与词组以及句子与句子之间的结构关系，而非其意义关系来实现照应。替代是一种纯粹的语篇衔接手段，其只利用段落中的两个部分实现衔接，没有其他任何功能。按照所替代成分的不同可以将替代分为动词性替代、名词性替代和小句性替代等。

（1）动词性替代。用动词性替代词，又称代动词，和复合代动词来替代动词词组中心词或整个动词词组的替代现象叫动词性替代。动词性替代主要借助助动词 do，does，did 来实现。

例4：

A：You think Joan already knows?

B：I think everybody does.

A 句中的动词"knows"被 B 句中的"does"所替代。

A：Do they buy their drinks at the local supermarket?

B：No，but we do.

A 句中的动词"buy"被 B 句中的"do"替代。

（2）名词性替代。以名词性替代词替代一个名词词组或者它的中心词，这种替代现象叫作名词性替代，能充当名词性替代词的词项主要是 one，ones，some，the other，others，the same，the kind，the former，the latter 等。

例 5：For example，technological advance has also had a strong impact on employment and productivity，benefiting some jobs，hurting others.

译文：例如，科技的进步对就业状况和生产力的提高会产生很大的影响，对某些工作的就业会有利，但对其他的工作会造成不利的影响。

上述例句结尾处的"others"替代了"some other jobs"。

例 6：Collection is of two kinds：collection with bill of exchange against documents and collection with a clean bill. In practice，the latter is not so widely used as the former。

译文：托收可分为两种：一种是跟单汇票的托收，另一种则是光票托收。在实际操作中，后一种没有前一种用得广泛。

此例第二句中的"the latter"和"the former"分别替代前句中的"collection with a clean bill"和"collection with bill of exchange against documents"。

例 7：Among all measures to develop national industry，a key one must be investment in upgrading plant，machinery and skills.

译文：在所有发展国家工业的措施中，关键的一个就是必须在更新厂房、机器和技术方面进行投资。

此句中的"one"替代了意义上单数形式的"measure"。

（3）小句性替代

小句性替代指的是用替代词代替上文出现的名词性小句表达的意义。小句性替代一般由形式词 so，this，that 来代替整个句子或句子中的部分内容。

例 8：The founder-members of the EEC believed that if the economies of the member states were linked，they would grow together politically. We shall have to wait and see if this is so.

译文：欧洲经济共同体的发起国相信，各成员国如果在经济上联合起来，将在政治上也会共同发展。是否如此，我们将拭目以待。

该例句末尾最后一句的"so"替代前一句话中的"they would grow together politically"。

例 9：Following the OPEC oil embargo，for example，United State automakers began to make greater numbers of small cars and fewer of the large models they had previously produced. This did not happen because government intervention had ordered this charge.

译文：欧佩克颁布石油禁运令之后，例如，美国汽车制造商开始打算生产更多的小型车而减少原有大型车的产量。这种情况之所以没有发生，是因为政府的干预控制了局面。

上述例句中，"this" 所替代的是分句 "United State automakers began to make greater numbers of small cars and fewer of the large models they had previously produced."。

（三）衔接

词汇衔接指语段中一部分词的意义存在某种联系。具体而言，衔接方式有词汇同现、词汇重复、上下义词以及相似性。

（1）词汇同现。词汇的同现（collocation）是指使用相关词语使篇章能够前后呼应，这种现象在所有语言中都可以找到。

例 10：When consumers borrow money to buy a house, car or dishwasher, they are paying higher rates because of the deficits.

译文：消费者借钱买房子、汽车或洗碗机时，会因为财政赤字而支付比较高的利率。

该句中的 "consumer" "money" "buy" "paying" 在语义上具有相关性，利用这些词使语篇更具完整性、连贯性。

（2）词汇重复。在语篇中重复出现的词一般都是一些关键词，这些词的重复出现既可以增强文章的气势，又可以使文章更加连贯。

例 11：Lower tariffs will increase the imports of both agricultural and industrial products, Competition from foreign imports will force Chinese producers to lower their price and improve the quality of their products, to the benefit of Chinese consumers. Those firms that cannot compete will have to adjust, with some possibly going bankrupt. Foreign manufacturers operating in China will also provide competition. Local foreign producers have the advantages over importers of being able to use the low-cost labor in China and save the cost of transporting the final products to China. Financial and telecommunications firms in China will have to upgrade their products to service foreign competition.

本例出现了三个 "competition"，还出现了其同根词 "compete'。这些词的巧妙使用，使主题更加突出。

（3）上下义词。英汉上下义关系词的使用有一点十分相似：它们都经常用于某个概念或物体性质的界定。上义词可以用来界定下义词，上义词的含义比较概括，属于抽象性意义，而下义词的含义较为具体。

例 12：Top students allow no interruption of their study time. Once the books are open, phone calls go unanswered，TV unwatched and newspaper unread.

译文：优秀的学生在学习时杜绝任何干扰。只要一打开书，从不接听电话，也不看电视和报纸。

该例中，"Interruption"是"phone calls""TV""newspaper"的上义词，而"phone calls""TV""newspaper"是下义词。

（4）相似性。相似性包括两层含义，一个是"近同义性"，一个是"反义性"。这里的相似性与其具体意义没有关系。

例 13：When a balance of payments deficit is caused by something considered undesirable（such as heavy dependence on Mid-east oil），it may be that the government will seek a way to decrease such imports. When the same deficit is caused by something considered desirable（such as contributions to developing countries to foster their economic development），the government may be willing to draw down its reserves for the purpose.

译文：如果国际收支逆差是由不令人称心如意的原因引起的（如过分依赖中东的石油），结果就可能会使政府想方设法减少这类进口。但若国际收支逆差是因令人向往的原因引起的（如帮助发展中国家发展经济），政府可能会乐意为此目的降低其官方储备。

上例中的"undesirable"和"desirable"形成一种反义衔接，表达了产生国际收支逆差的两种原因的不同性质。

二、商务英语的指称衔接

商务英语的指称衔接，包括人称指称、指示指称和比较指称三种。

（一）人称指称

人称指称指的是利用话语情景中的功能以及不同人称的表现。人们所熟知的人称代词有第一人称（I, we）、第二人称（you）、第三人称（he, she, it, they, one）。在人称指称中的人称代词与这些代词有所不同，其范围更加广泛，包括这些人称代词的主格和宾格（me, us, you, him, her, it, them, one），还包括其各自的形容词所有格（my, our, your, his, her, its, their, one s）以及所有格代词（mine, ours, yours, his, hers, its, theirs）。

例 1：Japan has been able to export large quantities of radios and television sets because it can produce them more efficiently than other countries.

译文：日本之所以能出口大量的收音机和电视机，是因为日本的生产效率高于别国。

从上面的句子可以看出，"it"指称"Japan"，"them"指称"radios and television sets"。

（二）指示指称

用指示词或相应的限定词以及冠词等所表示的指称照应关系称为指示指称。在指示照应中，发话者通过表明事物在时间或空间上的远近来确定所指对象。指示指称词包括 this，these，that，those 和指示副词如 here，there，now，then 等来体现。

例 2：Central banks of the member countries were required to intervene in the foreign exchange markets to keep the value of their currencies within 1 percent of the par value. This intervention was achieved by buying or selling foreign exchange or gold. A given currency could, therefore, never rise above nor fall below fixed points, which are called intervention points. These are the prices beyond which the central bank intervenes. This is called the system of fixed exchange rates.

译文：各会员国的中央银行必须干预外币市场以保持其币值于平价的 1% 之内。这种干预是通过买进或卖出外汇或黄金来实现的。这样，一种货币上升时不得高于、下降时不得低于固定点，这些固定点叫作"干预点"，超过了这些价格，中央银行就要进行干预，这叫作"固定汇率制度"。

上面一段话的第二句中的"this intervention"指称前一句话的谓语部分"were required to intervene"，第四句中的"these"指称上句中的"intervention points"，最后一句中的"this"指本段内容中前四句讲述的这种干预外币市场的现象。

例 3：Japan has been able to export large quantities of radios and television sets because it can produce them more efficiently than other countries. It is cheaper for the United States to buy these from Japan than to produce them domestically. According to economic theory, Japan should produce and export those items from which it derives a comparative advantage. It should also buy and import what it needs from those countries that have a comparative advantage in the desired items.

译文：日本之所以能出口大量的收音机和电视机，是因为日本的生产效率高于别国。对美国来说，进口日本货要比自己生产合算。根据经济理论，日本应该生产和出口那些因生产费用较低而获利的产品，购买和进口那些自己需要的、别国也因生产费用较低而获利的产品。

上面的一段话中，第二句中的"these"和第三句中的"those items"均指称第一句中的"radios and television sets"，第四句中的"those countries"指称第五句中的"that have a comparative advantage in the desired items"。

（三）比较指称

比较指称是指用比较事物异同的形容词或副词及其比较级所表示的指称。比较指称语包括形容词与副词的比较级、最高级，以及同级结构如 as ... as、superior to、inferior to 等。比较指称可以分为以下三种。

（1）表示相似、相同指称关系。

例 4 : The principle of similitude states that the best foreign market for a company is the country that is the most like, or the least unlike, the markets currently served by the firm.

In other words, companies should seek to identify those foreign markets whose characteristics are very similar to those of their domestic markets. Making the right product policy decision is greatly simplified when the company sells in similar markets.

（2）表示相反关系。

例 5 : The firm may welcome some competition. Competitors' promotional dollars combined with the firm's spending may lead to a much greater expansion of the market than would have been possible without competition. A share of a very large market may mean more sales than 100 percent of a small market.

（3）表示好坏、多少、大小等比较关系。

例 6 : The APEC group of economies includes all China's most important trading partners and accounts for over 54 percent of its report and export trade if Hong Kong's trade is included while that of China and trade between the two economies is excluded from their total trade.

三、商务英语的连接

在商务英语中，连接的表达形式多种多样，例如，有连词、动词分词、一般副词、合成副词、介词短语等，它们在数量上惊人。尽管有大量的连接语可供选择，但是人们实际上很少可以随心所欲，自由取舍，而要受到语域的限制。其中的实际使用情况和特点可通过下列连接手段使用的不同方式和频率得到体现。

（一）增补连接

增补关系可以表示追加、否定、选择、比较、同位以及后续等逻辑关系，表示不同的关系需要不同的连接词。下面就对增补连接中的几种常见的增补连接词进行说明。

（1）表示意义引申。意义引申指的是一种顺接关系。在英语中表示意义引申的词主要有 again, also, and, and then, and besides, besides, equally, further, furthermore, in addition, additionally, in a like manner, in the same way, likewise, moreover, similarly, what's more 等。在商务英语信函中经常会使用表示意义引申的连接词。

例 1 : Dear sir,

We welcome your inquiry of 14th May and thank you for your interest in our hand-made leather gloves. We are enclosing our illustrated catalogue and price-list giving the details you ask for. Also under separate cover, we are sending you a full range of samples and, when you have a chance to examine them, we feel confident that you will agree that the goods are both excellent in quality and very reasonable in price.

On regular purchase in quantities, of not less than five gross of individual items, we would allow you a trade discount of 30%.

We also export a wide range of hand-made leather shoes in which we think you may be interested. They are fully illustrated in the catalogue and are of the same high quality as our gloves.

We hope the samples will reach you in good time and look forward to your order.

Yours faithfully

（2）表示举例、例证。通常用基数词和序数词以及副词来表示举例。在段落中可以使用 next, then 等来引导，结尾项目还可以用 last(ly), finally, to conclude 等引导。表示例证通常用 for example, for instance, incidentally, in particular, in other words, namely, particularly, specifically, such as, that is 等。

例 2：First, these countries were richly endowed with natural resources such as fertile arable land, forests, and mineral deposits.

Second, workers with various skills moved in great waves from overpopulated Europe to these mostly empty lands, and so did huge amounts of capital. Though data are far from precise, it seems that from 30 to 50 percent of total capital formation(investments)in such nations as Canada, Argentina and Australia was financed through capital inflows. The huge inflows of workers made possible the construction of railroads, canals, and other facilities that allowed the opening up of new supply sources of food and raw materials.

Finally, the great improvement in sea transportation enabled these new lands to satisfy the rising demand for wheat, cotton, wool, leather, and a variety of other foods and raw materials more cheaply than traditional sources of supply in Europe and elsewhere.

（二）因果连接

因果连接可以表示原因、结果、目的、条件、手段等逻辑语义关系。常用来表示因果的连接词包括 so, therefore, as a result, consequently, for that reason, in other words, in that case, if so, if not, that implies, then, therefore, thus 等。

例 3：He says that he will love me for good. If so, I will be the happiest girl in the world. If not, I would kill him.

To run a business is like managing a big family. In other words, the "parents" must be excellent at administration ; otherwise, the "big family" would break up.

下面是商务英语中因果连接使用实例。在语篇中使用因果连接可以使内容之间结构紧凑，文章连贯。

例 4：Dear Sir or Madam，

I am writing about the heating unit you installed for us. Unfortunately，the heating system exploded，blowing a large hole in the roof.

I should like to remind you that we wrote to you on 9 December last year because it was making a strange noise，but you did not give us a reply.

We must insist，therefore，that you replace the heating system immediately and pay for our damages stock worth about US $400000.

Yours faithfully

（三）时间连接

时间连接可以表示连续、同时、以前、总结等逻辑语义关系，主要利用时间词表达事件的进展等信息。

（1）表示某个时间以前的事态发展可用 earlier，former，preceding，previous 等。

（2）表示在某个特定时间点两个事件同时发生可用 contemporary，meantime，meanwhile，presently，simultaneously，at present，at this point，in the meantime 等。

（3）表示在某个特定时间以后的事态发展可用 following，later，next，afterwards，immediately，since，after that，since then 等。

下面是语篇时间连续使用的实例。

例 5：In 1998，Australia proposed the Asia Pacific Economic Cooperation(APEC)as an annual forum. It was initially modeled after the Organization for Economic Cooperation and Development(OECD).Since then，APEC's goals have become more ambitious. At present，APEC has twenty-one members and has the third largest economy of the world. The key objectives of APEC are to liberalize trade by 2020，to facilitate trade by harmonizing standards，and to build human capacities for realizing the region's pool of savings，the most advanced technologies，and fastest growing markets. Therefore，companies with interests in the region are observing and supporting APEC-related development closely.

（四）转折连接

转折连接可以表达对比、修正和排除等逻辑语义关系，转折连接用于提示段落内容意义的改变，表示意义转折的语汇有 but，for all that，however，in spite of，nevertheless，notwithstanding，on the contrary，on the other hand，still，yet，whereas 等。

例 6：I supposed that he would not meet the deadline. On the contrary，he over fulfilled his task.

On the questions of payment terms，however，we will make no concessions.

The workers kept working，notwithstanding the heavy rain.

（五）空间连接

空间连接主要利用的是方位词来表示空间概念，如 above，across，from，before，below，beyond，beneath，close to，down，further，in front of，next to，near to，on the left，on the right，opposite，on top of，over 等。

例 7：The development in Asia has been quite different from that in Europe and in the Americas. While European and North American arrangements have been driven by political，market forces may compel politicians in Asia to move toward formal integration. While Japan is the dominant force in the area and seem to take leadership in such an endeavor，neither the Japanese themselves nor the other nations want Japan to do it.

四、商务英语语篇基本特点

（一）文体多元性

商务英语具有多元化特点，因为它会被社会不同的领域所使用。根据英语的功能划分，英语通常包括以下五种文体：文学英语、法律英语、新闻英语、广告英语、科技英语。从商务英语所涉及的专业范围来看，五种文体中属于商务英语的是广告英语和法律英语。

由于国际商务在各领域中的实践性较强，商务英语还具有实用性。国外有学者从国际商务用途英语的角度出发，认为商务英语的特点为：① 通常与一定的商务背景知识有关；② 以需求分析为基础；③ 时效性强；④ 目的明确。

（二）确切性

商务篇章要具体明确、层次分明、有说服力，必要的时候，要使用具体的事实和数据。商务英语中业务数字和时间都很关键，稍有不慎，可能就会导致业务失败。概念的表达、物与名所指、数码与单位等，都要求具体明确，并且全文一致。为了避免产生纠纷和损失，商务英语所涉及的语义信息、风格信息、文化信息等都要求使用者做到具体得当的传达。

例 1：We are delighted to receive your Letter of November 18 asking whether we can supply you with Art . No.6120.

译文：很高兴收到你方 11 月 18 日来函，询问我方可否供应 6120 货号产品。

商务英语不说"We wish to confirm our telex dispatched yesterday." 而要说"We confirm our telex of July 2nd，2000." 因为前者笼统含糊，后者清晰明了，恰如其分地表情达意。

在商务英语中，有时可采用不同的词语或短语表达同一语义或概念，这不仅可避免重复所引起的"单调乏味"，使语篇表达富有变化，生动活泼，而且更能从不同侧面加强所表达的语义，使之更清晰、明确。有时，采用省略的方式能够使表达更明确，汉译时只有采用重复方式才能使译文语义明确，且并不因此而显得冗赘单调。

例 2：In such a society，we make contracts when we buy goods at the supermarket，when we get on a bus or train，and when we put money into a machine to buy chocolate or drinks.

译文：在这样一个社会里，当我们在超级市场购物的时候要订立合同，当我们乘公共汽车或火车的时候要订立合同，当我们把钱投入自动售货机购买巧克力或饮料的时候，也要订立合同。

解析：英文原文仅一处使用"make contracts"，而汉译文将此重复使用三次，英汉表达方式不同，但却都达到了表达清晰明确的目的。

（三）篇章结构规范

商务英语具有程式化的语篇特征。在篇章结构上，严格按照各种语类的纲要式结构并参照各种语类的交际目的行文。这种程式化纲要式的结构和交际的目的是其各种语类的核心。在商务英语实践中，将商务文本细分为商务报告、商务广告、企业宣传材料、产品说明书、商务信函、商务合同、商标词等，每一种文本都有其"纲要式"的结构，为从事商务活动和商务交际的人们提供对各种语类在理解和写作上的参照。下面以商务报告类文本为例，分析商务英语的篇章结构的示范性。

从整体结构上讲，英语商务报告包括了下列几大部分：题目（title）、报告传达书（transmittals）、目录（contents）、总结（summary）、前言（introduction）、正文即调查结果和研究结果（findings）、结论（conclusion）、建议（recommendations）、参考资料（references）、附录（appendices）。其中，关键的部分是主体。商务报告的主体一般由前言（preface）、正文（body）和结尾（conclusion）组成。在前言部分，主要说明报告的目的（purpose）、背景（background）、范围（scope）和问题的叙述（problem statements），说明问题提出的缘由、背景和相关情况。报告的正文部分是核心内容，通常是由研究内容、研究方法、研究结果等构成，主要阐述研究结果和调查结果、项目进展情况、策划方案的步骤等。

（四）礼貌性

商务英语作为一种跨国交际的手段，它的翻译不同于文学作品的翻译和欣赏，它具有实用性和广泛的交际功能。就建立双方贸易关系的信函来说，其非常注重礼貌，语气客气、婉转，因此经常使用社交礼貌客套语。这些客套语起交际应酬作用，信息量虽不大，但不容忽视，须认真对待。在信函的开头和结尾部分都有固定的礼貌套语：Dear Sirs/

Gentlemen，Dear Mr. Smith，Dear Madam ; yours sincerely，yours truly，yours faithfully 等。有礼貌能使对方心情舒畅，给对方留下良好印象，便于建立友谊，促使双方贸易的达成。客气婉转的语气在商务信函中不仅可以委婉地拒绝对方的要求或条件，还不至于伤对方的情面，有利于维持双方友好的贸易关系。另外，委婉的语气还可以用来表达道歉、感谢等意义。例如，当买方想了解卖方关于货物的信息时，可以说："Would you please inform us by return of the price，discounts，terms of payment and time when you can deliver ?"（你方能否告知我们价格、折扣、付款方式和交货时间）这句话虽然听上去有些强硬，但是仍不失礼貌。如果说 "You must pay the rest of the outstanding bill to us within this week，otherwise，we will take court action." 这句话不但听起来僵硬，而且会不可避免地伤害贸易合作伙伴。

（五）名词化程度高

名词化可以将许多需要用句子才能表达的意义用名词或名词短语就可以表达出来。使用名词可以使信息量集中，符合商务交际中语言表达的经济原则，并且名词化主要是动词的名词化，不使用动词而使用名词可以避免时态、语态、语气、情态等因素，使得整个语篇显得客观、正式、严谨。

例 3 : If，whether during the execution of the works or after their completion and whether before or after the repudiation or other termination of the contract，between the Employer and the Contractor arises any dispute in connection with，or arising out of，the contract or the execution of the works，including any disagreement by either party with any action，inaction，opinion，instruction，determination，certificate or valuation of the Engineer，the matter shall，in the first place，be referred to the Disputes Review Board.

译文：无论是在工程执行过程中，还是在工程完成以后，也无论是在放弃或其他形式的终止合同之前或者之后，如果业主与承包商之间出现任何与合同或工程执行有关的或因合同或工程执行而引发的争端，包括任何一方对工程师的任何行动、不行动、意见、指示、决定、证书或评价所产生的异议，那么该争端应首先提交争端审核委员会。

在 这 句 话 中，"execution" "completion" "repudiation" "termination" "disagreement" "action" "inaction" "instruction" "determination" "valuation" 分别是动词 "execute" "complete" "repudiate" "terminate" "disagree" "act" "do not act" "instruct" "determine" "valuate" 的名词化。同时，为了使这种名词化程度很高的语篇能表达严密的逻辑关系，此例中还使用了大量的连词和介词，如 "if" "whether" "and" "or" "by" "after" "before" 等。由于汉语中多使用动词，英语中多使用名词是各自较为显著的一个特点，因而，译者在翻译这样的英文时往往会使用较多的动词来替代原英文中的名词，甚至是介词。

第四节　跨文化视角下商务英语的修辞特征

从广义的角度来讲，商务英语的修辞可包括商务英语语音、词汇、句法、语篇的组成等各层面的所有特征，涉及"遣词造句、谋篇布局"过程中的一切活动，是对语言进行选择加工，以达到传情达意的目的。词义、句子结构以及语篇等所有的特征总汇构成商务英语的修辞特征。

一、商务英语的词义修辞特征

跨文化视角下商务英语中的修辞为实现选词恰当、精确，语言表达礼貌的语言效果起到了至关重要的作用，其词义修辞特征主要表现在以下方面。

（一）暗喻

暗喻又称隐喻，是一种含蓄的比喻，本体和喻体同时出现，没有喻词。在商务英语中，暗喻是频繁使用的修辞手段之一。

例 1：A woman express herself in many languages，Vimal is one of them.

　　——Vimal Saree.

译文：女人用多种语言表现自己，维姆就是其中之一。

　　——维姆纱丽服。

该例中，妇女服饰品牌"Vimal Saree"被比作"language"，表达了这种服饰就像语言一样可以直观地传达出女性的魅力所在，潜意识下表明了该品牌的特殊之处。

（二）双关

双关的修辞效果往往使得话语更加幽默，一箭双雕。商务英语中经常利用同音词、谐音词与一词多义的词来实现双关。

例 2：The Self-Made woman. She's living better all the time.

译文：《自我》成就的女性，生活永远如此称心。

该例中，"Self-Made"的使用实现了双关，因为其具有一词多义的特点。"Self"即有"自我"的含义。同时还是一本妇女杂志的名称，故"Self-Made"暗示了阅读《自我》杂志的女性在生活上都是称心如意的，这就可以号召大量女性来阅读该杂志。

（三）夸张

虽然夸张手法有言过其实的修辞效果，但基本上还是符合事物本质特征的。适当的夸张是为了增强效果、抒发感情，在事实的基础上做出放大或缩小某一特征的艺术手法。因此，夸张是商务英语中经常使用的修辞手段之一。

例 3：They murdered us at the negotiating session.

译文：谈判时他们枪毙了我们的方案。

该例中，"murdered us"即是夸张手法的运用，目的在于强调谈判失败的后果，使得表述更加生动有效。

（四）借代

商务英语中常常用一个表示具体形象的词来表示一个事物、一种属性或一种概念，表现为将具体词语的词义做抽象化引申，引人联想，并起到修饰语言的作用。

例 4：Viewing such problems with a humorous eye and avoiding the syndrome of taking yourself too seriously can make all the difference in keeping negotiations on track.

译文：如果用幽默的眼光来看待这些问题，让自己避免过分严肃，对谈判沿着既定的轨道前行具有十分重要的作用。

该例中，利用人体器官"eyes"（眼睛）这一具体器官的形象引申出其所产生的行为——眼光，使得句子在表述上形象、轻松，在很大程度上缓和了话题的过分严肃性。

二、商务英语的结构修辞特征

对跨文化视角下商务英语结构具有重要修饰意义的手段有倒装句、反复、排比、对比。下面就对这些修辞手段进行探讨。

（一）倒装句

倒装是一种语法手段，用于表示一定句子结构的需要和强调某一句子成分的需要。商务英语中也常常通过改变语序，倒装句子来实现有所指、有所强调的交际意图。试比较下面一组句子。

例 5：① A sample of a similar cloth，of exactly the same color，which we have in stock，is enclosed.

② Enclosed is a sample of a similar cloth，of exactly the same color，which we have in stock.

译文：附上一块目前有现货的，颜色相似的布料。

对同一个汉语意思的句子，使用的英语句型却是完全不同的。第一句使用的是普通的、正常顺序的句子，因为主语很长且位于句首，给读者的感觉是头重脚轻。第二句通过倒装改变了句子中词语的顺序，读起来更加合理。

（二）反复

商务英语中常用反复来强调所表达的内容，引起话语接受者的注意，其主要表现在以下三个方面。

（1）重复某个关键词。重复某个关键词能够帮助语言发出者建立主题思想，让语言接收者有意识或无意识地熟悉这个词带来的信息。

例6：She is a leader：a leader in the workplace，a leader in her church，and a leader in the community.

译文：她是领导：不但是工作上的领导，而且是教堂的领导，还是社区的领导。

该例中，通过对"leader"一词的重复实现了强调的目的，充分表达了其牢固的领导地位，从而将她的领导形象深深刻在人们心中。

（2）句首重复。一个单词或词组出现在连续几个句子、诗行或语段的开头，英语修辞中叫作句首重复。

例7：

Farewell to the mountains high covered with snow!

Farewell to the straths and green valleys below!

Farewell to the forests and wild-hanging woods!

Farewell to the torrents and loud-pouring floods!

译文：

再见了，积雪皑皑的高山！

再见了，脚下的溪壑绿谷！

再见了，森林和原始垂悬的树木！

再见了，急流和奔腾轰鸣的洪水！

这里除了 Farewell to 在句首彼此重复外，每一行诗的句法结构也是对称的。不过，这种对称对于句首重复来说不是绝对需要的。

（3）结末重复。结末重复是指末尾段落连续使用重复的短语或句子。与句首重复一样，结末重复也是为了强调这些语句。

例8：

Our stockholders will win.

Our employees will win.

And，best of all，our families will win.

译文：

我们的股东将会获益；

我们的员工将会获益；

另外，最让人高兴的是，我们的家族将会获益。

该例中，对句末短语"will win"进行了重复，强调了人们获益的范围是非常广泛的，即表明了这次成功将使所有人都获得利益。

（三）排比

排比（parallelism）就是将两个或两个以上结构相同或相似、意义相关或并重、语气一致的语言单位平行排列起来，形成一个连贯的整体的修辞手法。在商务英语中，排比是一种常用的修辞手法。这种修辞结构使读者强烈地感受到排比结构内部的关系，起到加强语气、强调重点的作用。

例 9：If a man runs after money, he's money-mad；if he keeps it, he's a capitalist；if he spends it, he's a playboy；if he doesn't get it, he's a never-do-well；if he doesn't try to get it, he lacks ambition. If he gets it without working for it, he's a parasite；and if he accumulates it after a lifetime of hard work, people call him a fool who never got anything out of life.

译文：只追求钱的人是疯子；只攒钱的人是资本家；只花钱的人是花花公子。挣不到钱的人是小混混；不愿意挣钱的人是没有包袱的人；想不劳而获的人是寄生虫；一辈子只为挣钱的人则是不聪明的。

该例中，整个段落列出了七项有关"money"的种种行为，并通过这种排比结构讽刺了一些人、批评了一些人，在一定程度上加强了人们对如何花钱这方面的正确认识。

（四）对比

商务英语中经常使用对比的修辞手法使一句平衡对称的句子在意思表达上截然相反，形成强烈对比。

例 10：There is a large group of active and innovative companies who devote themselves to increasing the productivity. While there always a large group of laggard and stereotyped companies who devote themselves to gnawing government subsidy.

译文：很多积极的、创新的企业都致力于提高生产力，然而还有很多落后的、守旧的企业依赖政府补贴。

本句通过"active and innovative"和"laggard and stereotyped"，"increasing the productivity"和"gnawing government subsidy"两组意象的对比，表达了两个方面的意思。一是赞美了前者的创新精神，二是批评了后者不思进取的企业作风。

三、商务英语的语篇修辞特征

（一）圆周句

圆周句（periodical sentence），也称"掉尾句"，它是英语中末端中心（end focus or end weight）原则的应用。圆周句的特点是主要信息或实质部分迟迟不出现，使之造成一种悬念，借以吸引读者的注意力，步步推进，直到句尾或接近句尾才能明了作者所要表达的真正意思，给读者以深刻的印象，从而使主要信息或实质部分得到强调。圆周句是作者有意安排的句子，句子结构比较严谨，多用于正式语体。当很多从句都将话语重点放在句末，便形成了修辞学上所说的圆周句。圆周句在商务英语中的使用主要基于以下目的。

① 为了吸引对方注意。

② 为了加以强调。

③ 为了减弱不利信息造成的影响。

例 11：Although profits are down，morale remains high.

译文：尽管利润下降了，但我们的道德水平依然很高。

该例中，通过使用"although"来引导让步状语从句，并以此说明后面的句子是语言表述的重点，故该句话是一个圆周句。其中"profits are down"这一不利消息以状语从句的形式被放在了前面，而话语中心则被放在了后半句上，因而整个句子就句子含义而言，在很大程度上减弱了不利消息对听话人的影响，强调了好的一面。

（二）松散句

松散句（loose sentence）又叫复合句，即主句在前，后面通常跟有几个从句，也是一些语言学家定义的右分支结构（right-branching structure）。松散句是一种组织松弛的句子。在效果上这种句子比较松弛，多用于谈话。句子的组织部分连绵不断，但结构比较松散，以至于可以在句中的任何地方加一个句号，结构都是完整的。与圆周句不同，松散句通常将句子中心放在前半部分用以提出主旨。

例 12：The Buyer may cancel its order through a telegram to the Seller，which is required to get to the latter prior to the beginning of any shipment.

译文：买方可以通过电报通知卖方取消订单，但此电报需在货物装运之前到达卖方。

该例中首先明确了话语的主题即"取消订单"，然后在后半句进行了说明：不是任何时候都可以取消订单，买方只有在货物装运之前将取消订货的电报传达给卖方时才可以取消订单。

第七章　跨文化视角下的商务英语翻译

翻译本身就是一种跨文化交际活动，涉及文化的诸多方面。同样，商务英语翻译不仅涉及商务方面的内容，还涉及文化方面的交流，并且受文化因素的影响。以下就从跨文化的角度出发对商务英语翻译进行探究。

第一节　语言与文化

作为一种社会文化符号系统，语言与文化有着密不可分的联系。语言是文化的一种载体和形式，通过语言，文化得以记载、传播和延续。同时，文化是语言存在的一种基础，正是有了不同的社会文化，才会产生不同的语言形式。语言与文化的这种密切关系同样注定了翻译与文化的密切关系。翻译是不同语言之间的一种转换活动，这种活动既然涉及语言，就必然会涉及其所承载的文化。本节对语言、文化以及两者之间的关系进行解析。

一、语言

对于"什么是语言"这一问题始终没有一个确切的答案。但是，语言又是切实存在的，并且在社会生活中发挥着重要的作用。实际上，学界对语言的研究自始至终都没有停止过。

《语言与语言学百科词典》中记载："语言是人类社会用来交际或自我表现、约定俗成的声音、手势或文字系统。"《韦氏新世纪词典》（*Webster's New World Dictionary*）列出了"语言"一词最常用的几个定义：一是（a）人类语言；（b）通过这一手段进行交际的能力；（c）一种声音和语义相结合的系统，用来表达和交流思想感情；（d）系统的书写形式；二是（a）任何一种表达或交流的手段，如手势，标牌或动物的声音（b）由符号、字母、数字及规则等组合成的一套特殊体系，用来传递信息，类似计算机信息传递。

对语言的定义，很多语言学者从不同的角度出发给出了不同的解释和看法。

美国语言学家萨丕尔（Sapir）认为，语言是人类所特有的、非本能地使用自发创作的符号沟通思想、表达情感和愿望的交际手段。诺姆·乔姆斯基（Avram Noam Chomsky）在《句法结构》一书中指出，语言是一组（有限或无限的）句子，每个句子长度有限，并由有限的成分构成。虽然语言学家对语言的定义在表述上有区别，但是都是从语言本质角度出发，大多数语言学家的观点是：语言是用于交际的符号系统。

语言学家认为，语言是人类所特有的交流手段，动物虽然也有各式各样的沟通方式（气味、舞蹈、声音等），但无法与人类语言相比。人类语言不同于动物沟通方式的区别性特征，包括以下几个方面。

（1）语言具有任意性。语言虽然可以指代现实世界或虚拟世界中的某种事物或概念，但这些符号和它们所代表的事物或概念之间却并不存在必然的联系。这也就是为什么在不同的语言中对同样的事物却有不同的符号与之对应的原因。例如，在自然界中普遍存在的水，在汉语中是"水"，在英语中是"water"，而在德语中是"Wasser"。

（2）语言结构二重性。指在语言研究中发现语言具有双重结构的特征。在语言的高级结构中，语言是有意义的最小单位的集合，如词素和词；在语言的低级结构中，语言是序列化的切分成分的排列，这些切分成分自身虽然没有意义，但是可以组合成意义单位。在语言结构中，低级层次中的语音单位组成高级层次中的更大的单位，叫作结构二重性。

（3）创造性。指人们可以理解和创造本族语言中无限多的句子，并且包括那些从未听过的表述。语言的创造性和能产性来自语言的二重性，说话者能够结合各个语言单位形成无数的句子。

（4）不受时空限制。指语言既可以描述在场的事物，也可以描述不在场的事物。换言之，语言可以描述过去、现在、未来的真实的或想象的东西。语言甚至可以描述自身。

（5）文化传递性。指语言系统只有通过学习才能获得。尽管人类语言能力需要一定的生物基础，但语言不以生物基因方式传递。人们学习语言是文化现象而不是生物现象。

随着语言学研究的发展，语言的构成要素如语音、句法、语意、语用等领域的研究都有了长足的进步，但是对语言产生的研究还停留在假说阶段，如摹声说、感叹说、劳动叫喊说等。

摹声说认为，语言源自人类对外界声音的模仿。如英语中的 cukoo（布谷鸟）类似于布谷鸟的叫声，即语言中的拟声词汇。

感叹说认为，语言源自原始人因各种感受而引起的感叹。人类的原始语言就是由这种感叹声演变而来，如英语中的 hi，ouch 等。

劳动叫喊说认为，语言源自伴随劳动发出的叫喊，这种叫喊声演变为劳动号子，进而演变为原始语言。然而，这些假说中可能创造出的词汇数量有限，不能概括人类语言的复杂现象。有些学者提出"语根说"，认为语言中大多数词由语根构成。语言学家缪勒的研究表明梵语中有 1 706 个语根，希伯来语有 500 个，汉语有 450 个。语根就像木枝和石头，堆砌成各种器物，语言就是通过语根的变换组合形成无数复杂的词语。

以上定义虽然从不同的角度解释了语言的本质，但是都不全面。实际上，到目前为止，语言始终没有一个确切的定义。

二、文化

文化的定义是一个重要的问题，同时又是一个复杂的问题。文化是无所不在的、多元的、复杂的和普遍的。正如霍尔（Hall）指出"人生没有哪一个方面不受到文化的影响和改变"这一结论表明，文化无所不包，无所不在。文化的这一特征使得人们对文化难以下定义。对文化探讨最深的当属文化学家克鲁勃和克拉克洪（Kroeber and Kluckholm）对文化的归纳。早在1952年他们就查阅了众多人类学文献，收集到164个对文化的定义。同时他们对"文化"一词的定义做了历史性回顾，并对各种不同定义做了评述。在众多的广义（文化就是所有事物；是生活方式；是社会生活的一切方面）到狭义（文化是歌剧、艺术和芭蕾）的定义中，人们更关注的是侧重历史传统和社会继承（与代际相关）的文化的定义。

（一）汉语中的文化

"文化"一词在汉语中早已有之。根据文献记载，早在两千多年以前，"文化"一词及其含义就已出现，《周易·贲卦》中首次将"文"与"化"并用："观乎天文，以察时变；观乎人文，以化成天下。"在这里，"天文"与"人文"相对，天文指的是天道自然，人文则指社会人伦。"文"与"化"真正合并为"文化"一词始于西汉。西汉刘向的《说苑·指武》中曾写道："圣人之治天下也，先文德而后武力，凡武之兴，为不服也，文化不改，然后加诛。"其大致含义是：圣人治理天下，先施以文德教化，如不奏效，再施加武力，亦即先礼后兵的意思。可以看出，这里的"文"和"诛"指的是两种完全不同的治理社会手段。西汉时期，人们对"文化"一词的理解并未达成一致的认识。直到唐代时期，孔颖达才对"文化"一词提出了较有见地的解释。他认为，文化就是社会的文化，即文学艺术与风俗礼仪等上层建筑的一些要素。因中国古代主要是在狭义的精神层面上对文化进行理解，如人类的精神、智慧、意识及其创造的成果等，因此，这还不能算作是对"文化"的定义。

《现代汉语词典》对文化的定义是："文化指在人类社会历史发展过程中所创造的物质财富和精神财富的总和。"中国出版的《辞海》对"文化"有广义和狭义两种解释，"从广义来说，指人类社会历史实践过程中所创造的物质财富和精神财富的总和；从狭义来说，指社会的意识形态，以及与之相适应的制度和组织机构"。《辞海》进而指出文化是历史现象，具有阶级性、民族性和历史连续性。这一定义首先用物质文化和精神文化将文化成果包罗无遗，其次又将制度文化放到适当的位置上。

（二）英语中的文化

英语中的 "Culture" 源自拉丁语，"Culture" 在这里同样具有两层含义，既有种植、栽培之意，也有对人的性情的陶冶及品德的培养之意。《牛津简明词典》（Concise Oxford Dictionary）对文化的定义是 "艺术或其他人类共同的智慧结晶"。这一定义主要是从智力产物的角度阐释文化内涵，即深度文化，如文学、艺术、政治等。《美国传统词典》（American Heritage Dictionary）对文化的定义则是："人类文化是通过社会传导的行为方式、艺术、信仰、风俗以及人类工作和思想的所有其他产物的整体。" 这一定义拓宽了文化的包含范围，既包括深层次文化，又包括浅层次文化，如风俗、传统、行为、习惯等。

英国人类学家爱德华·泰勒（Edward Taylor）在其著作《原始文化》中指出，"所谓文化或文明，是包括知识、信仰、艺术、道德、法律、习俗以及包括作为社会成员的个人而获得的其他任何能力、习惯在内的一种综合体"。这一定义一直都被认为是最具权威性的定义，对学术界产生过重大影响，但这一文化定义更侧重精神文化方面，而不包含物质文化。

美国学者克罗伯和克拉克洪（Kroeber & Kluckhohn）在其论著《文化的概念》中指出，"文化由外层的内隐的行为模式构成，这种行为模式通过象征符号而获得和传递，代表了人类群体的显著成就，包括它们在人造器物中的体现。文化的核心部分是传统的（即历史地获得和选择的）观念，尤其是它们所带的价值。文化体系一方面可以看作是行为的产物，另一方面则是进一步的行为的决定因素"。

美国学者戴维·波普对文化做了比较全面的定义，他认为文化应有三个因素构成：①符号意义和价值观。这些都用来解释现实和确定好坏、正误标准。②规范准则。对在一个特定的社会中人们怎样思维、感觉和行动的解释。③物质文化。实际的和人造的物体，它反映了非物质的文化意义。这一定义与我国《辞海》中 "文化" 的定义是相一致的。

波特和萨莫瓦（Porter & Samovar）认为，"文化是一个大的人群在许多代中通过个人和集体的努力获得的知识、经验、信念、价值、态度、角色、空间关系、宇宙观念的积淀，以及他们获得物质的东西和所有物。文化表现于语言的模式以及活动和行为的样式，这些模式和样式是人们适应性行动和交际方式的样板，它使得人们得以在处于特定的技术发展阶段、特定的时间、特定的地理环境的社会里生活"。

综合上述定义可以看出，文化是历史的沉淀和结晶，是经过长期的积累逐渐形成的，是人类社会实践的产物，是人类创造出来并持有的精神财富和物质财富。

三、语言与文化的关系

语言学家从语言本质的角度论述语言的功能。语言作为一种人们共享的符号系统，是文化的产物，是文化的重要成分，所以从文化角度看，语言承担着重要的文化功能。这里就从以下几个方面来论述语言与文化之间的关系。

（一）语言是一种社会文化现象

语言属于一种社会文化现象，是文化的重要组成部分。文化包含物质文化与精神文化，物质文化中语言的作用并不明显，但语言对精神文化的建设至关重要，精神文化需要语言来表达，需要语言来记载，语言是精神文化得以产生和发展的必要前提之一。同时，语言又是人类在进化过程中通过改造客观自然创造出来的精神财富，二者都是为人类社会所特有，是人类区别于其他生物的重要标志。语言与文化两者相辅相成，但是却不等同，而是有大小之分。具体表现为，语言体现并表达某种文化，即语言反映文化，体现着文化心理的诸多特征，但同时对文化心理的个别要素有着影响作用；文化是语言生成与发展机制，语言的交流为文化的多元化发展增添了新的内容。语言是沟通与交流的主要工具，文化通过语言表现出来。总体而言，如果说文化是一个涉及人类生活各个方面的大系统，那么语言就是这个大系统中的一个子系统。

（二）语言反映生存环境

文化的形成脱离不了自然地理环境的影响，特定的地理环境造就了特定文化，特定文化反映在语言中形成特定的表达。正如爱斯基摩语中有数量众多的关于雪的词汇一样，山地文化或畜牧文化中的自然生活环境和生活方式以及物质文明在其语言中都有所体现。英语习语和谚语中有大量有关海洋的表达，体现了英国海洋文明的生存环境和生活方式，见表 7-1。

表 7-1　有关海洋的固定表达

词组	字面意	比喻意
poor fish	可怜的鱼	可怜虫
with flying colors	打胜仗的战船归来时彩旗高挂	成功地，凯旋地
take the wind out of someone's sail	船在航行中抢其他船的风路	先发制人，占上风
any port in a storm	船遇上风暴时只要有个港口，不管好坏，能避开危险就行	危急时任何可解脱的办法
see how the land lies	看清海岸或河岸的走势后才确定航线	摸清情况，查明底细

（三）语言是文化的凝聚体

语言的社会属性使其成为文化的载体，语言凝聚和反映着某一民族发展的历史背景、宗教信仰、生活环境、生活方式、风俗习惯、思想理念、社会风尚等内容。语言成为文化积淀的载体，文化通过语言来表达。人类的一切文化活动、文化创造都离不开语言，民族文化的发展成果凝聚和积淀在语言当中。任何语言都是一个民族的人民创造的，是一定民族的精神创造活动的结果。语言中充满了民族的文化精神和文化心理，是一个民族世界观的体现。人对外在物质世界的感知和认识，人在从事改造物质世界的实践活动时的体验、感受和经验，无不反映在他的语言世界中。语言世界是人所建立的蕴含着人的全部精神创造的关于物质世界的镜像。因此，物质的和精神的世界全部存在语言当中，以语言的面目和形式呈现出来，语言是人类的一切文化精神和成果的凝聚体。

（四）语言与文化互相影响

语言对文化的影响主要体现在语言在文化的建构与交流上起着不可替代的作用。人要建构文化，首先就要对客观世界有所认知，而对客观世界的认识离不开思维活动，而语言是思维活动的外壳，所以思想这一思维的成果必然要依附于语言这个物质外壳加以固定，只有这样，其思想才能被感知，并用来进行交流和传播。个人思想发展成为集体财富并为群体所共享，于是就形成了文化。当然，思想交流与传播的媒介不仅有语言，还有很多其他方式，如符号、手势、图画等，但这些媒介有着很多的局限性，就深度和广度来讲，远不及语言。由此便可知道语言在文化建构中的重要作用。此外，语言在文化交流中的作用是显而易见的。随着全球化的不断发展，不同的文化之间在不断地交流、碰撞和相互影响，并且这种趋势越来越明显。从发展的角度来讲，这种情况恰恰为人类文化的水平提升与发展提供了有利的机会。如果一种文化闭关自守，那么只能加速其自身的衰落进程。不同文化间的交流显然是以语言接触为先导的，不同文化之间的接触实际上就是不同语言的交流。所以，只有掌握了其他民族的语言，才能了解其他民族的文化。

另外，文化对语言也有着显著的影响作用。文化对语言的影响是多方面的，但这里仅对文化对语言特点的影响进行讨论。在文化环境中，生存环境是一个重要的方面，而这一文化环境对人们所使用的词汇有着一定的影响。由于生存环境的不同，在某些语言中表达某一事物可能会用很多词，但在其他语言中可能只用一个词。例如，在阿拉伯国家，骆驼是一种常用而且重要的交通工具，所以在阿拉伯语中就有 400 多个与骆驼有关的词；而在中国，骆驼并不常见，所以与骆驼有关的汉语只有一个；即使在英语中，与骆驼有关的词也只有单峰与双峰两个。

（五）语言反映宗教文化

宗教是人类社会与客观世界交往的产物，是一种世界范围的现象，属于社会意识形态。宗教是文化价值体系的内核，不同语言能够表现其所在文化的宗教观念。在中国文化中佛教是主要宗教之一，汉语中与"佛"字相关的表达词很多，如立地成佛、借花献佛、佛口蛇心等；来自佛教的词语，如慧根、慧眼、慧心等。英语中很多表达方式则体现了基督教在英语国家社会生活的重要性，如表 7-2 所示。

表 7-2　英语中有关宗教的表达

词　组	意　义	隐含意
for God's sake	看在上帝的分上！	天哪！求求你！
so help me God	我答应，我发誓	强调是说真话
by God	天啊！上帝啊！	表示惊奇、不相信、烦恼等
please God	但愿	强调对未来的希望
Good God	天哪！哎呀！	增强惊奇、烦恼或乐趣的语气

此外，不同文化间的接触与交流也会对语言产生重要的影响。例如，随着佛教传入中国，大量的佛教用语开始融入汉语系统中，如"世界、平等、现行、刹那"等。同样，一些具有代表性的汉语词语，如"功夫、太极、饺子"等也传入国外，并被越来越多的外国人所接受。

总体而言，语言与文化密不可分，两者始终是相互影响、相互作用的。

第二节　文化因素对商务英语翻译的影响

跨文化的知识和文化因素在翻译过程中起着非常重要的作用，尤其是在商务活动中，若交际双方能对跨文化差异有较为正确和充分的认识，将有利于商务活动的顺利开展。本节就文化因素对商务英语翻译的影响进行具体说明。

一、思维模式因素

语言是思维的载体，因而语言和思维是分不开的。人的语言表达受思维方式支配，因此，要研究语言就离不开对文化的研究，而研究思维不研究各个民族的哲学观就很难说明问题。每一个民族都有自己独特的语言理解和思维方式，在观察、理解与思维方式上都存在着一定的差异。英、汉民族之间不仅民族文化不同，而且在思维方式、思维特征、思维风格等方面也存在很大差异，而思维差异会进一步导致两个民族在语言表达上的差异：英语国家的民族注重客体思维方式，而中国人则主要是主体思维方式。因此，英语是注重主语的语言，非人称主语用得多，被动句用得多，主语一般不能省略，连词、介词用得多。中国传统哲学主张"天人合一""万物与我为一"，反映在语言上就是施事主体可以蕴含在行为事件的主观表现中。在中国人的心目中，"人"是万物之灵，从而产生了以"人"为中心来思考一切事物的思维模式。在汉语的句子成分中，主语并不被看成是必要的成分。因此，汉语为主题突出的语言，主语多为有生命的事物，无主语句较多，主动语态用得较多。中国人的思维充满了暗示，善用比喻，以外物间接地表达自己或其他事物，在说明问题时，爱用形象与比喻法，即使涉及逻辑推理问题也偏爱形象思维。相对而言，受西方哲学思想体系影响，英语国家的民族偏爱抽象思维。这一差别在语言上体现得十分明显，这种差异也必然会对商务英语翻译产生影响。

例1：天然活性炭成分，像磁石般有效吸走油脂及深层污垢。（曼秀雷敦男士活性炭沐浴露）

Natural Charcoal effectively absorbs and removes excessive sebum and dirt.

例2：成人使用，可令您的肌肤如婴儿般娇嫩，温和滋润不油腻。（屈臣氏婴儿滋润霜）

The mild formulation is also ideal for adult use. Gently moisturizing without leaving skin greasy.

以上是两则化妆品使用说明书的广告，原文为了突出产品的特点分别使用了不同的比喻，如"像磁石般""如婴儿般"，但是这些形象的比喻在译文中却无一保留，而是用了客观的语言进行表示，这也就充分体现了中西思维模式的差异对商务英语翻译所造成的影响。

二、民俗文化因素

民俗文化差异是指某种语言的词汇所指的概念在另一种语言社会里并不存在，原因就是各民族独特的风俗习惯创造了大量的民族习惯用语，因而在翻译过程中缺少对等的词汇。这种例子在英语和汉语当中是非常多的。例如，中国道教文化思想以及同农业社会密切相关的许多词汇在英语中很难找到对等的表达方式，如太极、惊蛰等。英语中的 vicar,priest, churchman, clergy, blackcoat, chaplin, minister, pastor 等词之间的差异很难翻译出来，在很多情况下只好笼统地将其译成"牧师"。英国与中国之间不同的社会习俗给这些民族的价值观、审美观带来很大的差异，比较典型的就是对动物态度的差异。例如，中国以虎为百兽之王，在汉语中，虎是权力和勇猛的象征，体现在诸如"龙盘虎踞""虎毒不食子"等习语中。在英语中用狮子取代了汉语中老虎的地位，具体体现在 "Ass in a lion's skin"（狐假虎威），"a lion in the way"（拦路虎）等表达中。此外，中国人注重乡土观念，因而产生了"老乡"这一概念。在英语社会里，人们并不看重老乡关系，没有这一概念，所以更不可能有这样的词，因此要想准确地翻译这个词也不是一件简单的事情。

三、宗教文化因素

宗教文化是人类文化的重要组成部分，是指民族的宗教信仰、意识所形成的文化，主要体现在不同民族间禁忌、崇尚方面的文化差异。其中，宗教禁忌对企业中开展国际商务活动有着诸多限制和忌讳。例如，信奉印度教的人士禁忌牛肉甚至与其相关的产品，信奉佛教的人士不沾荤腥，信奉伊斯兰教的人士禁忌猪肉、禁止抽烟喝酒等。国际商务相关从事人员在商务沟通和交流中都应将这些因素充分考虑进去，否则必然会阻碍商务沟通，甚至引发外交、政治纠纷，从而给经济造成损失。

就商务英语翻译而言，英汉两种语言中涉及宗教文化方面的词汇虽然有些存在对应词，但由于所蕴含宗教文化信息的差异，在翻译时应灵活处理。例如，中国传统文化中"九"和"久"同音，常用"九"来表示"长久"之意。中国历代皇帝也比较崇拜"九"，希望天下长治久安。英语中虽然有"nine"和"九"对应，但是没有汉语中与"九"相关的"长久"的内涵。

四、历史文化因素

历史文化是指由特定历史发展进程和社会遗产的沉淀而形成的文化。不同的历史渊源形成了各民族间不同的生活方式和性格气质，并反映在语言中。尤其是在一些历史典故中，对浓厚的民族色彩和鲜明文化个性的反映更为明显。

在商务英语翻译中，只有掌握了丰富的历史文化内涵并采用恰当的翻译方法，才能更好地传译原作的风格和意图。例如，在中国文化中，诸葛亮是个家喻户晓的智慧的象征，然而西方人对此并不一定了解。在翻译"三个臭皮匠，赛过诸葛亮"这句谚语时，就应将直译法和增译法相结合，译为"Three cobblers with their wits combined equal Chuke Liang the master mind"更易于译入语读者理解。

第三节　基于文化信息等值的商务英语翻译

在国际上做生意意味着与不同语言、生活在不同文化环境之中的人们有频繁接触。不同文化背景的人进行交际的过程便是跨文化交际。任何不同文化之间的交往双方都需要在交流时克服异国文化带来的障碍，从而达到交流沟通的目的。作为全球商务语言，英语以它的多样性和易变性著称。英语在与其他语言的"接触"中成为一种混合语言而不断迅速演变，以满足文化发展和交际的需要。所以，国际商务翻译人员要特别注意本国文化发展与异国文化之间的差异，以及英语在不同文化背景下的语义信息、文化信息差异，尽量做到文化信息等值或对等。

一、文化因素在商务英语中的体现

语言作为文化的载体，在漫长的发展过程中，吸纳了文化的各种要素，因而很多文化内涵都在日常的语言应用中有所体现。同时，语言在很大程度上受到文化的制约，不同文化的语言往往呈现出不同的特点。文化可以渗透到语言的各个层面，如词汇、句法、语篇等。

（一）词汇层面

词汇只有在与其相互作用的文化背景中才真正具有意义，正如著名翻译理论家奈达所说，"对于真正成功的翻译而言，熟悉两种文化甚至比掌握两种语言更加重要，因为词语只有运用在特定的文化中才具有意义"。各民族的语言当中都蕴含大量象征其一定社会文化意义的词汇。民族文化的词汇主要表现在两个方面：特定概念意义词和特殊文化意义词。

特定概念意义词是指由于民族文化的差异，在一个民族语言中存在而在另一个民族的语言中不存在相应概念的词汇。在商务英语翻译过程中，经常会遇到在英语文化中特有而在汉语文化中空缺的词汇。例如，"telecommuters"在英文中指在自己家中办公，借助电话、传真、计算机和互联网等现代化通信手段与公司或客户保持联系而无须去公司办公的上班族。"desk copy"是美国出版界的特有做法，是"向著作者赠送样书以表示感谢"的意思，如果直译为"赠书"，则很难表达该词所承载的文化意义。需要重点说明的是，在翻译经济学、管理学文献的研究过程中，由于理论研究的深度和实践发展的程度不同，存在大量的术语。例如，在美国俚语中，"柠檬"是"次品"的意思，因信息不对称而产生的"lemon market"本是由 Akerlof 于 1970 年在其著作《"柠檬"市场：质量不确定性和市场机制》中率先提出的，但在中文里并没有"柠檬市场"的说法，一般就应根据其文化内涵翻译为"次品市场"。再如，"babbling equilibrium"指的是"在博弈过程中可能出现的各个博弈方均认为廉价磋商毫无意义的结果"，直接翻译为"胡说均衡"显然失去或者改变了其中的社会文化的内涵和其经济学的内涵。同样，中国文化博大精深，因而中文也包括大量特定概念意义词，如"易经""阴阳五行"等。

特殊文化意义词是指那些在不同的语言中虽然概念意义大致相同，但所附带的内涵意义、情感意义以及联想意义等却因民族文化的不同而有一定差异的词汇。例如，商务翻译过程中，常常遇到"龙"的翻译。西方神话当中的"dragon"表示邪恶的怪物，并非中国人心目中的吉祥动物。又如，由于英国西临大西洋、东靠欧洲大陆，因而在英国人的意识里，从大西洋吹来的是和煦的西风，而在中国人心目中西风指的是萧瑟寒冷的。类似的简单词语一旦出现在商务语境，如在商标品牌中，应引起译者足够的重视。同样，西方人总是着眼于未来，因而"tradition"一词意味着"过时的、可以抛弃的"，而中国人则以珍惜并发扬"传统"为荣。如"海燕（petrel）"在中、俄两国是进步和新锐力量的象征，但在西方经济界则指引起恐慌和震荡的人或事物，因此可以视具体情况用"pioneer"等词代替。还有一则例子是"Friday"，该词在英语中具有独特的含义，指发薪水的日子。所以在翻译"It was Friday and soon they'd go out and get drunk"时，应充分考虑其隐含的文化内涵，译为"星期五发薪水日到了，他们马上会出去喝得酩酊大醉"。

（二）句法层面

在句法层面上，英语讲究语言的完整和形式上的链接，有时态、语态的变化，主语一般不能省略，句子中包括许多串联语句的词汇；汉语则注重意向性，没有时态和语态的变化，常使用无主句，连接词使用较少。此外，汉语强调动作的行为主体，多用施动者做主语；而英语强调客观叙述，多使用被动句式，有体现文本简洁、观点客观、较少感情色彩等特征，同时往往包含许多长句和复杂句，用以表达多层次的逻辑关系或者叙述一连串的因果关系。这些特点反映了中英两种不同文化背景下人们思维方式的差异。如 "Many a businessman has found out too late, he has made a loss on a price that he thought would give him a fair profit, and his mistake was simply in quoting the wrong terms of payment."（许多商人原以为可以在某个价位上赚上一笔，结果却损失了，等到发现这一点已为时太晚。其错误就在于制定了错误的付款条件。）

（三）语篇层面

下面就几种较常见的商务语篇进行剖析，以说明文化因素在国际商务翻译中的重要性。

1. 商务广告

广告文体是"实用"特征非常明显的文体。广告的语篇形式和内容是由不同语言的社会文化背景所决定的，每种语篇都会在特定的社会文化环境中起到交际的作用。广告作者面对的是价值观念、思维方式、生活习俗近似的本民族读者，然而，广告的译者所面对的则是文化背景、风俗传统、价值观不同甚至迥异的受众。例如，"Father of All Sales—15% to 50% off（特大甩卖，全场八五折到五折）"。在英语文化里，人们习惯用"父亲（father）"代称大江、大河。如密西西比河被称为 "Father of the Waters" 或 "the Great Father"，而泰晤士河则被称为 "Father Thames"。汉语中的"父亲"一词并没有这一文化寓意。相反，以农耕文化为主的中华民族，视水为孕育万物的母亲，因而习惯用"母亲河"称黄河、长江等。这一广告利用"father"的独特文化内涵，以夸张的手法，渲染让利的力度之大。再如，三菱汽车公司进入美国市场时，使用了以下广告词 "Not all cars are created equal"。该广告套用美国人熟知的 "All men are created equal" 并加以改造，将原来的肯定句式改为否定句式，体现了车的优越性能。当三菱公司在中国宣传时，又将其广告词改为："古有千里马，今有三菱车"。巧妙地利用了中国古代谚语，又使用了对偶的修辞手法，使中国消费者觉得生动形象。

2. 商务信函

商务信函指在国际商务活动中人们之间往来的函件。商务信函中所体现的商务礼仪本身也是文化的一个方面。希望得到尊重和理解是人类的共同特性，因此商务信函为使读信人产生亲切感，强调个人参与，经常会出现一些"我方如何如何，贵方如何如何"之类的话。

这种个人参与模式在汉语商务信函中主要表现为使用第二人称尊称"您"或"贵方"以示对客户的尊重及自身的谦虚和礼貌。在英语商务信函写作中主要表现为"You attitude"（对方态度）。主语的选择通常为"you"，几乎不使用"I attitude"（我方态度），必要时也要用"We attitude"代替"I attitude"。所谓"You attitude"就是将自己置于对方的立场上，充分考虑对方的要求、需要、利益、愿望和感觉，尊重、体谅和赞誉对方。例如，"If you could make a reduction by 10% in quotation, we have confidence in securing large orders for you."（如果贵方能将报价降低 10%，我方有信心为贵方获取大批订单。）

3. 契约

契约文体指具有法律、规章意义的正式文本，往往具有准确性、庄重性和严谨性。即使是在文体正式程度最高的商务合同中，也依然存在着文化因素。

从词源上讲，法律英语中的用词，很大一部分来自拉丁语系，尤其是法语和拉丁语。11 世纪诺曼底人征服英国后，大量法语中的法律词汇被融入英语，例如，cestui que trust（信托受益人）、estoppel（不容反悔，禁止翻供）、laches（对行使权力的懈怠）、force majeure（不可抗力）等。基督教传入英国后，拉丁语法律词也随之渗透到英语中来，例如，ad damnum（至于赔偿损失）、per capita（按人数，每人）、ex parte（事后的，溯及既往的）、vis major（不可抗力）等。从法律文本的法律背景来看，英文商务合同一般是基于英美法系，正式名称是普通法系，而中国属于大陆法系。

二、基于文化信息等值的商务英语翻译策略

（一）培养文化敏感性，强化跨文化意识

对于文化因素，译者须给予必要的尊重，这就要求译者具备一定的文化敏感性。各国、各民族的历史背景、民族风俗、道德信仰、文化传统不尽相同，并且都有自己的文化"禁区"。在一种文化中非常有创意、有美感价值的内容，到另一文化中可能会因为文化价值取向不同而失去原有的美感价值，甚至造成民族情感的伤害。所以，对于文化因素，译者保持谨慎的态度、必要的敏感性和积极的探索精神显得尤为重要。例如，中国服装七匹狼商标被轻易翻译为"Septwolves"，便是没有考虑到英语读者对"Sept"这一前缀在"腐败、脓毒"方面的联想寓意，其实只要稍做改动，译为"7 wolves"，便迎合了西方人对数字"7"的偏好心态，营销效果就会大为不同。

（二）避免本土文化"失语"，寻找中西文化契合点

商务英语翻译的实践过程，既是一个吸纳、融合外国文化的过程，又是一个扭转本土文化被西方文化冲击的尴尬"失语"局面的过程。面对文化差异，译者应当寻找中西文化的契合点，在表达上寻求对等语，避免简单使用"归化"翻译，轻易放弃本土文化的话语权。

其实，文化差异的客观存在并不妨碍商务英语的译者在外国文化和本国文化中寻找一个契合点。如果这个契合点是两种文化的交融，那是最理想的。即便很难找到理想中的契合点，译者也应采用灵活的方法，让这两种文化尽可能地接近，或是通过其他手法使带有异国情调的元素在译入语中得以再现。例如，面向社会征集英文商标的天津"狗不理"包子厂家最终选定的是"Go Believe"，就是找准了中西文化切入点的典型译例。"Go Believe"不仅发音上与狗不理契合，而且足以让英美人产生值得信赖的美好感觉。

（三）从容面对文化融合，纯洁、美化汉语文化

随着中国对外交往的日益频繁，商务英语方面的外来词（借词）日益增多，如欧佩克（OPEC）、文化休克（culture shock）、拉力赛（rally）、露华浓（Revlon）、千年虫（millennium bug）、T恤衫等。这些例词分别体现音译、半音半意、音译附加汉语语素、音意兼顾、借译、英文字母附加汉字等具体的翻译方法。同时也有一些词汇被借入或创建到英文中，如kongfu。随着中国第一位宇航员进入太空，"taikonaut"一词在外文中得以传播。大量新词汇的涌入、输出正是文化交流和融合的产物。面对这种现象，译者应该在保持开放心态的前提下积极应对，尤为重要的是，外来词要进入汉语的词汇系统，就必须接受汉语的语音、语法和构词规则等各方面的改造，不但要符合汉语的发音习惯、语法和词汇规则，而且要满足中国人在历史、审美、伦理、价值观等方面的文化诉求。用开放的心态从容跨越文化鸿沟，自觉纯洁和美化汉语，继承、发扬和传播本民族的文化，理应成为每位译者的责任和目标。

总之，在商务英语翻译中造成中西文化冲突现象的原因是多种多样的。分析其主要成因，首先，是逻辑思维存在差异，其次，是价值观念存在差异，再次，是行为规范存在差异，最后，是语用的迁移造成的影响。要保障跨文化交际的顺利进行，就必须了解对方的行为规范，最好的方法就是"入乡随俗"。人们对客观事物的评价和解释通常建立在自身的文化基础之上，这种文化的标准规范只能在自己活动中按其特定条件加以解释。进行商务英语翻译时必须特别注意这些差异，必须在外国文化和本国文化中找到一个契合点。如果这个契合点是两种文化的交融，那就是最理想的了。但是，往往由于文化差异，有时很难找到契合点。这时，译者就必须用自己的能力让这两种文化尽可能接近，以达到更好的融合效果。

第四节　商务英语文化翻译

翻译是跨文化交际中思想沟通的手段，而中西方在思维方式、心理因素、地理环境、传统习俗、审美观、价值观等各方面大相径庭，并体现在各自的语言之中。这种不同文化

之间的差异同样影响着商务英语翻译，因此译者必须意识到这些文化差异对商务的影响，避免出现"文化冲突"。进行商务英语翻译时，译者应在忠于原文的基础上，进行符合双方文化特性的调整，尽可能找到双方文化的切入点，通过"归化"等手段将差异最小化，对接两种文化，从而实现翻译效果的对等。

一、商务英语的文化意识与对策

中西方由于自然环境、经济发展程度等因素的不同，构成了各不相同的文化体系，从而人们的思想观念、思维方式、价值取向以及语言表达等也大相径庭。

（一）了解不同思维方式及价值取向

英语国家的民族思维方式为直线思维，先考虑中心事物，然后加上外围因素，反映在话语结构上为直线性；汉语国家的民族则习惯曲线思维，先考虑事物的环境和外围因素，再考虑具体事物或中心事件，反映在话语结构上呈螺旋形。这两种思维方式完全相反，因此翻译时应将思维差异纳入考虑范围，从译入语的角度处理译文。

例1：因为双方都负有责任，如损失全部归我们负担是不公平的，我们只准备偿付50%的损失。

It shall not be fair if the loss be totally imposed on us as the liability rests with both parties. We are ready to pay 50% of the loss only.

汉语句子先阐释原因："双方都负有责任"，再表明态度："不公平"，充分体现中国人的曲线思维。英译时应考虑到这两种思维方式的差异，先表明态度"not fair"，再解释原因，以免对方误解中方在拐弯抹角推脱责任。

中国人个性较为内倾，人的价值通过"自省、克己"来表现，而西方更注重"自由、独立、竞争"，因此性格与价值观偏向外倾，如美国著名品牌 Nike 的广告：Just do it. 想做就去做。对美国来说，这句标榜"独立、自由"的广告语极为普通，但在中国人眼中，由于社会自律和传统心理的影响，认为该译文具有诱导青少年犯罪之嫌，因此，为符合译入语的价值观，改译为："应做就去做。"

同样，中国的集体主义价值观在广告上常反映为"老少皆宜"（suitable for people of all ages），"人人都喜欢"（loved by all）等表达，因为在中国，从众心理是促进购买行为的主要因素。这在西方却很可能因缺乏明确定位遭到冷遇，因此译文时应考虑到消费者的群体差异。

（二）加强文化知识的学习，在翻译过程中注重跨文化的意识

在商务英语翻译中，应该注重不同国家的语言和文化之间的紧密联系，因此要求翻译人员应该熟悉掌握不同国家的文化背景。一种语言并不是单独存在的，而是和其文化相互

依存的。在商务英语翻译过程中，不可能脱离不同国家的文化来对英文进行翻译，在这种情况下翻译的内容也是不准确的。西方人和中国人在价值观念、民俗风情以及宗教信仰上都是不一样的，因此导致其语言的表达形式也不一样。在商务英语的翻译过程中，这些是不可避免的。因此，译者必须加强对不同国家文化知识的学习，培养自身的跨文化意识。当然，掌握不同国家的文化并不是在短时间内就可以实现的，要求译者在平常的学习中和实际的运用中加强意识，对于不同国家的文化知识，如风俗习惯、生活习惯以及说话习惯等要更多关注，在日积月累的过程中慢慢提升跨文化意识。

（三）熟知商务词汇的文化内涵及不同审美观

中西方审美观受各自历史文化、传统习俗等影响可能会不同，一种文化推崇的事物，在其他文化中未必引起共鸣。例如，Zephyr 是英国的汽车品牌，意为"西风"，因为英国东面是欧洲大陆，西临大西洋，西风从大西洋吹来很温暖；而"东风"为中国的汽车品牌，因为在中国，西风凛冽，东风送暖，两个品牌名体现了两国完全相反的审美观。因此在翻译中应避免对等式的简单翻译，注重两种文化审美观的衔接：

例2：鸳鸯（枕套）——Mandarin Ducks：直译导致源语言中爱情的含义丧失，可考虑译为 Lovebirds。

飞鸽（自行车）——Flying Pigeon：pigeon 是一种又小又弱的鸟，而 dove 则象征和平，可考虑译为"Flying Dove"。

杜康（白酒）——Dukang：直译后的"dukang"仅是一个发音，不再包含酒圣或美酒的意义，可考虑译为"Bacchus（希腊酒神）"。

金龙（旅行车）——Golden Dragon：直译后的"dragon"在西方人的心目中并非吉祥之物，宣传效果可想而知，因此可改译为"King Long"。

Sprite（饮料）——小精灵：尽管小精灵有可爱之意，但中国人仍可能联想到妖精、魔鬼等可怕形象，因此译文根据中国人的审美观译为"雪碧"，意味着"清新凉爽、清澈透明"，得到中国消费者的广泛认同。

（四）综合应用多种翻译技巧

在商务英语的翻译过程中，还要求翻译者掌握更多的翻译技巧，从而使整个翻译过程更加顺利。在一些英语商务文件中，常常会使用一些套用的句式，因此在翻译的时候，也应该采用固定的翻译方法，须结合双方的文化特点，灵活运用各种技巧，如将直译、音译和意译相结合，转换文体句式及修辞引申等，以实现功能与文化对等，避免文化差异造成的误译，同时还要再现商务英语正式、准确、规范的特点。

例3："索"牌塑料绳具——Solid。Solid 与"索"谐音，而 Solid 在词义上又与源语"坚固耐用"的含义相吻合，这样翻译收到了音谐意谐的双重效果。从语言功能看，该译法使源语的信息功能、美感功能和诉求功能等都得到了有效传递，可以提升消费者的购买欲望。

跨文化意识的获得往往是一个心理适应和行为认同的复杂过程。在商务英语翻译中，译者必须有意识地培养自己对英汉文化差异的敏感性，在译入语中找寻对等语或对文化信息进行适度调整，以有效避免文化冲突，再现源语的信息和文化内涵，从而实现文化信息的对等。

（五）主动查阅相关专业词典文献

商务英语词汇涵盖的专业面广，一些商标名称、经济和法律概念、标识语等往往要遵循商务英语翻译的通用原则，以免造成误解。

例 4：小商品博览会——general merchandise show，而非 small goods fair；

外向型产业——export-oriented manufacturing，而非 external-directed industries；

三角债——chain debt，而非 triangle debt；

夫妻（婚后）协议——postnuptial agreement，而非 post-marriage agreement。

类似的词汇还有：

免息期——interest-free payback

二手房交易——second-hand home transaction

成品油定价机制——gasoline and diesel pricing mechanism

燃油附加费——fuel surcharges

中国人民银行行长——China's central bank governor

例 5：Now, though, with recession, starting to look even more likely, the heat under policy-makers is come not just from Wall Street but from Main Street and Capital Hill.

中国人对 Wall Street 与 Capital Hill 比较了解，分指美国企业界和美国立法机构所在地，但对 Main Street 可能就比较陌生，译者可结合相关文化背景，译为"购买次级债的小城镇居民"。

因此涉及此类翻译时，译者应尽量参阅相关商贸英语文献，以及《中国翻译》《中国日报》等权威报刊，以确定商务领域专业术语的通用译法。

综上所述，作为沟通国际经济和商务活动的工具，商务英语在国际贸易中发挥着相当重要的作用，而商务英语翻译较普通英语翻译更为复杂，除要求译者具有扎实的语言基础外，还须熟悉商务领域的相关专业知识，了解商务英语的特点和规律，熟知各国经济交往中的文化差异，并通过了解不同文化背景、思维方式、审美观、价值观等采用相应对策，遵循忠实、准确、统一的翻译原则，以期实现译文的功能对等。

二、商务英语文化翻译策略

商务英语翻译与文化有着紧密的关系，商务英语翻译中渗透着各种文化因素，并受其影响。要想顺利地进行商务英语文化翻译，除了解文化因素方面的影响外，还要掌握一定的翻译策略，具体包括归化策略、异化策略和增补策略。这三种翻译策略是商务英语文化翻译的总体和主要策略，对具体商务英语翻译起着统领作用。以下就对这三种翻译策略进行分析与说明。

（一）归化策略

归化是指在翻译中采用透明、流畅的风格，最大限度地淡化原文的陌生感的翻译策略。它应尽可能地使源语文本所反映的内容接近目的语读者，从而达到源语文化与目的语文化之间的"文化对等"。归化策略是以目的语或者译文读者为主，将原文中的与目的语相异的要素用目的语本身代替，从而使得译文通俗易懂。归化策略以目的语文化为主，坚持本族文化的语言传统，要求译者采用目的语读者习惯的表达方式传递原文信息，向目的语读者靠拢，也就是采用自然、流畅的本民族语言表达方式来展现译语的风格和特点。总体而言，归化策略具有使译文更生动、地道、便于读者理解的特点，颇受译者的青睐。

例1："The man is the black sheep of family."译成"害群之马"，喻意就会一目了然，而如果译成"那人是全家的黑羊"便会使人感觉迷惑。

这种翻译策略在商务英语翻译中同样适用。因此在翻译时，译者为了更好地凸显让利幅度，通过采用归化的方法，舍弃原文的字面含义，真实地传递了原文的文化信息。

例2：The CEO told his product managers to get rid of all the dogs so as to reduce loss and increase overall profits.

译文：为了减少亏损并全面增加利润，公司的首席执行官告诉产品部的经理们销毁所有的次品。

在商务语境中，"dog"并不是指"狗"，而是指不盈利的产品或者质量差的产品。这里译者采用归化法，准确地再现了原文的含义。

例3："Give up my Pepsi? Don't even think about it."

BE YOUNG

HAVE FUN

DRINK PEPSI

以上是"百事可乐"的英语广告。如果采用异化翻译策略，可将其译成：

"不让我喝百事可乐？想都不要想！"

留驻青春

拥有乐趣

畅饮百事

陈小慰（2016）认为原文通过其语言手段所达到的推销效果在国内文化语境中将荡然无存。可见由于民族心理文化的不同，直译很难达到与英语广告相似的效果，因此百事可乐公司根据中国人喜欢喜庆的心理文化特点，在汉语广告中除保留原文的品牌名外，还进行了创造性的改编工作，将原文变译为：

新事可乐

旧事可乐

小事可乐

大事可乐

祝您百事可乐！

"百事可乐"本是一个饮料的品牌名称，但是通过迎合中国传统佳节——春节这一喜气洋洋的节日，产生了新的含义，意味着"万事如意"。这样的翻译必然会赢得中国消费者的喜爱。

（二）异化策略

异化是指偏离本土主流价值观，保留原文的语言和文化差异的翻译策略；或指在一定程度上保留原文的异域性，故意打破目标语言常规的翻译策略。它主张在译文中保留源语文化，丰富目的语文化和目的语的语言表达方式。异化策略是指以源语或者原作者为主，将源语中的价值观规划到目的语文化中，从而保持原有的"异国情调"。异化策略以源语文化为主，主张保留外来文化的语言特色以及语言表达方式，要求译者向作者靠拢，采用作者所使用的表达方式来表达源语的内容和思想，旨在保存和反映异域民族特性和语言风格特色，让读者感受不同的民族特色，体会不同的文化和语言差异。这种翻译策略在商务英语文化翻译中被经常使用。

例 4：纸老虎　paper tiger

　　　　铁饭碗　iron rice bowl

　　　　万宝路　Marlboromen(always remember love because of romance only)

"万宝路"是美国著名的香烟品牌广告。译文通过运用源语言习惯的表达方式并保留着源语文化中浓厚的美国西部色彩，将该产品的原汁原味充分地展现给中国年轻的消费群体，这一异化处理的方式展现了美国西部牛仔浪漫潇洒的风格，起到了良好的宣传效果，有利于充分激起消费群体的兴趣以及购买欲望。

（三）增补策略

由于文化背景的不同，一种文化中习以为常的现象在另一文化中却可能是陌生新奇的，在这种情况下，译文中就需要对原文的文化背景知识进行补充，即使用增补策略，使译文读者能够准确把握译文的信息。商务英语文化翻译中会经常使用这一策略。

例 5：Medigap policies are policies that are specifically designed to complement your Medicare benefits.

补充性医疗计划就是专门用来补充医疗保健福利的计划（Medigap policies 指的是补充性医疗计划，这是美国的一种私人健康保险计划，旨在承保未列入政府保健计划中的医疗支付款项）。

对于上述英语原句中的 Medigap policies（补充性医疗计划），由于汉语中没有与之对应的词语，因此如果不进行进一步的解释，往往会给读者的理解造成困难，令读者无法认识该词语的真实含义，更无法理解该词所体现的关于西方医疗保障体系方面的相关内容。译者在翻译时，采用补充的方式很好地说明了其含义。

总体而言，当商务英语翻译涉及文化方面的问题时，可以尝试使用归化策略、异化策略，在内容形式上既注意保留，又需要做适当调整，以使译文更容易被接受，从而保证商务活动的顺利进行。当遇到文化空缺问题时，就可以采用增补策略，补充一定的文化信息，以便读者理解原文所特有的文化含义，促进商务交流的顺利进行，从而使商务活动收到预期的效果。

参考文献

[1] 郝晶晶 . 商务英语教学理论与改革实践研究 [M]. 成都：电子科技大学出版社，2017.

[2] 何冰，姜静静，王婧 . 现代跨文化英语教学与课程设计研究 [M]. 长春：吉林人民出版社，2019.

[3] 黄净 . 跨文化交际与翻译技能 [M]. 天津：天津大学出版社，2019.

[4] 李莞婷，夏胜武 . 跨文化交际视阈下的商务英语翻译探究 [M]. 长春：吉林出版集团股份有限公司，2021.

[5] 李俊清 . 商务英语翻译实践 [M]. 成都：电子科技大学出版社，2017.

[6] 李玲玲 . 商务英语与商务英语翻译研究 [M]. 长春：吉林大学出版社，2017.

[7] 李瑞玉 . 基于文化差异背景下的英汉翻译研究 [M]. 长春：吉林大学出版社，2020.

[8] 刘海燕 . 商务英语跨文化翻译技巧与实践研究 [M]. 长春：吉林出版集团有限责任公司，2019.

[9] 欧敏鸿 . 跨文化视域下英语翻译的解读 [M]. 天津：天津科学技术出版社，2020.

[10] 祁晶 . 商务英语语言与文化探析 [M]. 北京：中国书籍出版社，2018.

[11] 祁岩 . 商务英语与跨文化翻译研究 [M]. 长春：吉林人民出版社，2020.

[12] 唐昊，徐剑波，李昶 . 跨文化背景下英语翻译理论研究与实践探索 [M]. 长春：吉林人民出版社，2020.

[13] 王芳 . 跨文化交际与商务英语教学实践研究 [M]. 北京工业大学出版社有限责任公司，2021.

[14] 王立非 . 商务英语跨学科研究新进展 [M]. 北京：对外经济贸易大学出版社，2012.

[15] 王莎 . 现代商务英语翻译与案例研究 [M]. 西安：西北工业大学出版社，2020.

[16] 邢丽华，杨智新 . 商务英语翻译理论与实践应用探索 [M]. 北京：新华出版社，2015.

[17] 徐国盛 . 商务英语翻译理论与实践研究 [M]. 长春：吉林科学技术出版社，2019.

[18] 杨莉 . 跨文化交际翻译教程 [M]. 北京：中国纺织出版社，2019.

[19] 于瑶 . 现代商务英语的跨文化交际与应用 [M]. 长春：吉林大学出版社，2018.

[20] 翟宇，王霞 . 当代商务英语的跨文化交际与应用综合研究 [M]. 北京：北京工业大学出版社，2019.

[21] 张萍 . 商务英语翻译中存在的问题及对策 [M]. 北京：中国商务出版社，2018.

[22] 张烨，张园园 . 基于跨文化交际的复合型英语翻译人才培养研究 [M]. 北京：中国书籍出版社，2019.

[23] 赵秀丽 . 商务英语跨文化翻译技巧与实践研究 [M]. 长春：吉林人民出版社，2019.

[24] 周萍 . 当代商务英语语言与翻译多维视角研究 [M]. 北京：北京工业大学出版社，2018.

[25] 周涛 . 商务英语翻译的艺术 [M]. 北京：现代出版社，2019.

[26] 许余龙 . 对比语言学概论 [M]. 上海：上海外语教育出版社，2005.

[27] 李瑞华 . 英汉语言文化对比研究 [M]. 上海：上海外语教育出版社，2000.

[28] 周志培 . 汉英对比与翻译中的转换 [M]. 上海：华东理工大学出版社，2003.

[29] 程雨民 . 英语语体学 [M]. 上海：上海外语教育出版社，2004.

[30] 廖美珍 . 语言学教程（修订版）精读精解 [M]. 成都：西南交通大学出版社，2009.

[31] Hall，E．T．，1959，The Silent Language[M]．New York：Doubleday，169.

[32] 尤金·A. 奈达（Eugene A.Nida）. 语言文化与翻译 [M]. 严久生译 . 呼和浩特：内蒙古大学出版社，1998.

[33] 魏倩倩 . 商务英语翻译中的跨文化交际 [J]. 滨州学院学报,2012（1）：112.

[34] 陈小慰 . 新编实用翻译教程 [M]. 北京：经济科学出版社，2006.